JN130197

津島文治

青森県の初代民選知事

—「井戸塀政治家」の歩み—

藤本一美

北方新社

青森県の初代民選知事

津島文治

―「井戸塀政治家」の歩み―

目次

序文

　私は、現在住んでいる千葉県にいる時もそうであるように、故郷の青森県に帰った際も毎朝、散歩をするように努めている。それは、健康のためである。私が生を受けた青森県「津軽地方[1]」の中心地・五所川原市には、清流・岩木川が流れており、その土手を1時間半程かけて、ゆっくりと歩く。

　散歩する場所は川の土手道で、上流へと向かう。右方向に、津軽を代表する名峰・岩木山を眺めることができる。岩木山は、毎日、表情を変える。それは、天候のなせるわざで、その日の天候や雲の流れで、山の姿が変化する。また、季節によっても形が違って見える。冬に雪をかぶった岩木山が最も美しいが、春の霧の中に浮かぶ姿も絶景だ。津軽の人々は、岩木山を眺めることで、時の移り変わりを意識するのである。

　近年私は帰郷した際、週に1回の割合で資料収集のため、弘前市立図書館に赴いている。JRの五能線を利用する。五所川原から弘前まで約1時間弱の道のりで、車窓から、岩木山を眺めるのを楽しみにしている。列車が進行するにつれて、山の姿が変化していく。やや険しい様相から、次第に穏やかな姿に変わる。それは、眺める位置によるもので、弘前駅に到着する頃は、眼前に岩木山の優雅な山容が立ちはだかっている。

ここで何を言いたいのかというと、岩木山それ自体は、昔から場所を変えることなく、悠然と構えている。それに対して、山を眺める者には、季節や場所により、その姿が全く違ったように、見えることである。

「政治家」[2]の生き様を検討する場合も、ほぼ同じことが言えるのではないかと、考えている。つまり、政治家その人は厳然と存在しているが、私たちが政治家を見る時と立ち位置により、まるで違った人物のように見えることがある。もとより、人間の生き方は、一直線ではない。良い時もあれば悪い時もあるので、違って見えるのが当然なのかも知れない。要は、その政治家のどの部分を、如何なる角度から眺めるかによって、評価も大きく異なってくるのではないのかと思われる。

本書で取り上げている、津島文治は町長、県議、衆議院議員を経て、青森県における戦後最初の「民選知事」に就任。しかも、知事を辞めた後に、また衆議院および参議院議員を務めあげた、戦後の青森県を代表する政治家の1人である。周知のように、津島文治は、著名作家・太宰治の兄であり、〃無頼の弟〃を常に側面から援助し面倒を見てきた人である。太宰ほどには、全国的にはその名を知られていないものの、多くの公職を歴任した、ひとかどの政治家である。私のような年齢で、青森県、ことに津軽地方において津島文治の存在を知らない者はいない。津島は「選挙が飯より好きだ」と吐露していることからもわかるように、〃選挙のプロ〃を自任したと、関係者の間で伝えられている。

津島文治は、金木町の大地主の息子として生まれた。後述するように、この金木町を含めた津軽地方は政争の激しい土地柄で、選挙の際に、法律体系や選挙制度を全く無視する不正な手段を駆使することを通じて、権力（首長）の座を手にする。そのため、全国的に悪名が轟きわたり、それは、一般に〃津軽選挙〟と揶揄されている。

これまで、津島文治を津軽選挙の「原型（プロトタイプ）」だとする向きもあった。ただ、その真意のほどは、よく調べてみないとわからない。それが本書を執筆する動機の1つでもある。政治家としての津島文治を論じるにあたり、津軽の〝政治風土〟にも留意しながら、彼の生き様に迫ってみたい。そして、できれば、政治家とはどのようにあるべきかを考える際の参考にしたい。ただ、その試みが成功するかどうかはわからない。最終的には、読者の判断に委ねざるを得ない。

津島文治は、常々「井戸塀政治家」だ、といわれてきた。また本人も「井戸塀」だと自任していた。確かに、金木町の生家である〝斜陽館〟は戦後まもなく人手に渡ったし、多くの田畑は農地改革で失った。津島は、知事や衆参両院議員の時代も普通の家に住み、政治によって蓄財に励むことには全く縁がなく、井戸塀政治家で通した。また、公私混同を避けた津島の生活信条は、彼をして〝清廉一徹〟な政治家だといわせる所以でもある。

ここでいう「井戸塀政治家」とは何かというと、私財をなげうっても政治で頑張った（国民・国家に尽力した）ため、家・屋敷が井戸と塀しか残らなかった、という政治家を喩えた言葉である。一般に、政治参加が「財産と教養」のある名望家層に限られている社会では、政治は名誉職と考えられ、政治で生計を立てることは賤しむべきことであり、時としては腐敗の源と考えられていた。国政に奔走して家産を失い、残るは井戸と塀ばかりという政治家像は、今日でもいくらかの敬意をこめて回想される。

以上の知見を踏まえて、本書では、5つの視点から政治家・津島文治への接近を図っている。その際、第1に、「政治経歴」、第2に「選挙運動」、第3に「選挙（政見）公約」、そして第4に「業績評価」から分析を試みる。その理由は、政治家の歩みを検討する場合、まず何よりもその人物の一生を知り、また政治家である以上、どのような選挙運動を展開して当選できたのかを探り、さらに有権者に如何なる政治理念を訴えたのか問い、その政治家がどのような業績を残したのか、を検討する必要がある、と考えるからである。本書では、以上の視点からの分析を通して、行政の最高責任者、つまり町長、知事としての津島文治をとらえ、次いで衆参両院の国会議員としての彼の活動にも言及する。そして最後に、文人・津島文治、さらに津島文治と弟修治（太宰治）、および息子の康一との関係にもふれ、「井戸塀政治家」の歩みをたどることにする。

岩木町から臨む岩木山

岩木川

本書の出版は、私が中学生と高校生時代をすごした弘前市の『北方新社』にお願いをした。厳しい事情の中で出版を快く引き受けて下さった木村和生社長と編集担当の工藤慶子さんには、お世話をかけました。ここに一言御礼を申し上げます。（藤本一美・記す）

〈注〉

(1)　津軽地方とは、現在の青森県西部を指す「地域的呼称」であり、江戸時代に津軽氏が支配した領域（弘前藩・黒石藩の領域）および津軽の各郡の領域にほぼ相当する。

(2)　政治家とは、政治的活動に従事する人間、つまり、職業として政治に携わる人のことである。その場合、政治家は〝ポリティシァン（politician）〟と〝ステーツマン（statesman）〟とに分けられる。イタリアの政治学者ガエターノ・モスカによれば、前者は「統治システムにおける最高の地位に達するのに必要な能力をもち、それを維持する仕方を心得ている人物」で、一方、後者は「その知識の広さと洞察力の深さによって、自分が生きている社会の欲求をはっきりと正確に感じ取り、できるだけ衝撃や苦痛を避けて、社会の到達すべき目標に導く最善の手段を発見する方法を知っている人」と定義し、区別している（ガエターノ・モスカ・志水速雄訳『現代思想　第９巻支配する階級』〔ダイヤモンド社、１９７３年〕４７１～４７２頁）。

なお、政治の概念は、明確に定まっていない。本書で政治とは、「社会に対する価値の権威的配分（デービット・イーストン）」のことをいうが、具体的には「社会で対立する利害を調整し、人々の集合体における取り決めや、決定を行うこと」である。一言でいえば、まつりごとを、力であれ威信によってであれ最終的に支配することである。

第一章　津島文治の政治経歴

1、はじめに

津島文治は、1898年1月20日、津軽地方の金木村に生まれた。文治は、津軽地方の大地主であった貴族院議員・津島源右衛門の三男坊で、作家の太宰治（津島修治）の実兄でもある。早稲田大学政経学部を卒業後、1925年から金木町長を1期、また、1927年から県議会議員を2期務め、その後、1937年、衆議院選挙に出馬し、当選した。だが、津島派による選挙違反の責任をとって、議員職を辞退している。戦後の1946年、津島は再び衆議院議員に当選したものの、翌1947年、初代の「民選」による知事選に転出して当選、これを3期9年余り務めるのである。

県知事を辞任した後の1958年からは衆議院議員を2期務めたが、3期目の1963年に落選を喫した。その後、1965年に、参議院議員に転出する。だが、2期目半ばの1973年5月6日、在任中に死去。享年75であった。[(1)]

津島文治は県知事として、進駐してきた「連合国総司令部（GHQ）」との折衝、戦災都市青森市の復興、食糧増産、リンゴ産業の振興、地方財政の確立、民生の安定、さらに新教育制度の実施など多くの難題に直面した。しかし、津島知事は独特の政治的手腕によってこれらの問題を処理し、いわゆる津島時代を現出した[2]。

これまで津島文治については、頑固だ、潔癖すぎる、狭量だ、人物に好悪偏愛の情があり過ぎる、また〝遠慮深謀型の選挙上手〟という批判がある一方で、人間として清廉潔白で、理性的で、かつ知性派でユーモアもある、〝誠実な政治家〟であった、と評価も高い[3]。

例えば、県議会議員時代に津島知事と議会で激しくやりあい、後に社会党の衆議院議員として活躍した米内山義一郎は、津島文治のことを「先生は本県政治家の中で最も理性的な尊敬すべき異例の存在である」と記しているほどである[4]。また、『青森県議会史』では、退陣した津島知事を以下のように褒めたたえている。

五所川原市の立佞武多

「津島知事は隠忍に隠忍を重ね、あらゆる悪条件の中に、新しい青森県の基礎工作に全努力を捧げ、後進性を脱却すべく戦い続け、幾度倒れては立ち上がり、七転八起、9年2ヵ月の難行苦行は、面壁9年の今様達磨大師とも言おうか、まことにその面貌は額広く眼光鋭く、痩せた達磨さまに、さも似た感じの持ち主津島知事だった[5]」。

第一章の課題は、戦後青森県における初の民選知事として名をはせた津島文治の政治経歴を論じることにある。論述は第1に、津島初期の経歴を時系列的に紹介する。第2に、県知事時代の津島の活動について述べる。そして第3に、衆議院および参議院議員時代の津島の活動を論じる。その上で、最後に、「政治家」津島の評価を試みる。本章では、主として県知事時代の津島に焦点をあてている。しかし、政治家としての津島を理解するために、知事引退後の衆議院および参議院議員時代の政治的活動にも頁を割いている。

2、初期の経歴

⑴家系と学歴

津島文治の弟で〝無頼派作家〟として著名な太宰治（津島修治）は、戦後『新文芸』（1946年6月号）に随想「苦悩の年鑑」を発表、その中で津島家の家系について以下のように、記している。

「私の生まれた家には、誇るべき系図も何も無い。どこからか流れて来て、この津軽の北端に土着した百姓が、私たちの先祖なのに違いない。私は、無智の、食わずの貧農の子孫である。私の家が多少でも青森県下に、名を知られはじめたのは、曽祖父惣助の時代からであった。その頃、例の多額納税の貴族院議員有資格者は、1県に45人くらいのものであったらしい。曽祖父は、そのひとりであった。……私の家系には、ひとりの思想家もいない。ひとりの学者もいない。ひとりの芸術家もいない。役人、将軍さえいない。実に凡俗の、ただ田舎の大地主というだけのものであった。父は代議士にいちど、それから貴族院にも出たが、べつだん中央政界において活躍したという話も聞かない。この父は、ひどく大きい家（斜陽館）を建てた。風情も何も無い。ただ大きいのである」[6]。

確かに、太宰治が述べているように、津島家の家系は、先祖がどこから来たのか一切不明である。1896年、当時63歳であった曽祖父・惣助が金木町の菩提寺である、南台寺智現和尚の協力を得て『津島家歴史　全』という和綴じの由来書を作成。そして翌年、惣助は青森県の多額納税者名簿の第12位にランクされ、貴族院議員の互選資格を手に入れた。だから、津島家は家系とは無関係に発展したことになる。津島家は、家系図がなかっただけでなく、津軽地方という東北最北端の田舎地主にすぎなかった。しかし、そうだとしても、津島家は250町歩の田畑を有し、290人の小作人を抱える津軽地方の大地主であったし、また600坪の敷地に赤い屋根の大邸宅が創設された1907年までに、文治の父親である源右衛門は青森県の高額納税者番付で第4位に躍進するなど、源右衛門は金木町で〝殿様〟扱いをされていた[7]。

このような津島家の背景を踏まえて、太宰治研究家の第一人者である相馬正一は、「太宰（津島）の生家は明治維新後に金貸し業で急激に膨張した成り上がりの新興財閥だった」、と断じている[8]。

津島文治は源右衛門の三男坊で、津島修治（太宰治）は文治より11歳下の六男である。源右衛門は妻タネとの間に11人の子供をもうけたものの、その多くを早くに亡くしている。津島家は、津軽地方の大地主であった一方で、曽祖父・惣助が北津軽郡会議員、また、父親・源右衛門が県議会議員、衆議院、および貴族院議員になったことからも明らかなように、津島家は代々政治家一家でもあった。文治は、父の源右衛門から政治家としての手ほどきを受けるべく、「早稲田で大隈侯の弁舌できたえてこい」、といわれて上京した経緯がある[9]。

父親の源右衛門は、津島家の婿養子であった。源右衛門は、１８７１年に西津軽郡木造村の松木七衛門の四男永三郎として出生、１８８８年、金木村の津島家の婿養子となり、娘のタネと結婚。以後、津島家の稼業である金貸しと地主業に精励した。ただ、永三郎は22歳の時の１８９３年に、津島家ゆかりの〝源右衛門〟に改名。１８９７年に金木銀行を創業、頭取となり、１８９８年には、祖父惣助の隠居により家督を継いだのである。

源右衛門は、銀行を設立し、大地主となり、家の通称も「ツソウ（津島惣助）」から「ヤマゲン」に変わり、金銭的に余裕ができたので政界に進出する決意をする。１９０１年、県会議員の補欠選挙に立候補して当選、以後6年余り県議会議員を務めた。その後、１９１２年、源右衛門は第11回衆議院総選挙で「立憲政友会（以下、政友会と略）」から立候補して当選、１９２２年には貴族院議員にまで上りつめた。しかし１９２３年、52歳で他界。時に文治は、早稲田大学を卒業したばかりの25歳の若輩にすぎなかったが、この年齢で津島家の家督を継ぐはめとなる[10]。

先に述べたように、衆議院議員であった源右衛門は、保守派の政治家として大成させるべく文治を早稲田大学政経学部に学ばせていた。文治は源右衛門の長男でなく、三男であったから、東京遊学中は若旦那風に義太夫に凝って、レコードばかりか三味線まで買い求めてこれに血道をあげ、その一方で、劇作家を目指し、一幕物の戯曲「奪い合い」まで執筆している。だが、兄たちが次々と亡くなり、若くして津島家の家督を継ぐことになった文治は、劇作家への道を断念して故郷の津軽へ帰るのである[11]。

津島文治が生まれたのは、１８９８年1月20日で、父源右衛門が26歳の時の子供である。地元の明治高等小学校を卒業した後、五所川原農学校畜産科に入学・卒業、その後上京して、東京中学を経て、早稲田大学政経学部に学ぶ。社会派のルポライターとして著名な鎌田慧は、文治が政治家となるに至った背景を次のように記している。

「文治はこのころ、政治家になるなど毛頭考えることもなく、政治評論家か劇作家として身をたてようとしていた。ところが、あたかも大学を卒業した翌日の3月4日、源右衛門は、前年暮れからの流行性感冒を悪化させ、53《ママ》歳の若さで急死した。……津島家の存在の重さが、一挙に26《ママ》歳の文治の双肩にかかってきた。これがその後の彼の人生を決定した[12]」。

⑵ 金木町長時代

津島文治が「政治家」として初めてスタートしたのは、金木町の町長職である。早稲田大学政経学部を卒業した2年後の、１９２５年10月10日、町議会で町長に推薦されて当選した。数え年で文治28歳の時で、東京の大学を出て弁がたって若く、しかも毛並のいい青年町長の誕生であった[13]。

貴族院議員だった父源右衛門の側近で、県会議員の傍島征之助や、金木町収入役の外崎健助らがお膳立てし、文治を町長に担ぎだしたのである。当然のことながら、津島家の周囲の人たちは、文治が源右衛門の跡を継ぎ、将来の中央政界進出に備えその足掛かりをつくっておこう、という意図があった[14]。

当時の金木町は、町とはいっても、街並の体をなしていたのは、大字《おおあざ》金木のうち、中央部、県道沿いの一部ぐらいで、その他の集落はありふれた農村にすぎなかった。町の概況は人口約５２００人、戸数約

820戸、年間予算は約5万円程度であった。文治が町長に就任した当時、1912年の大凶作に続いて、1914年と18年と続いた凶作のため、農家の経済は著しく疲弊し、また商工業もその影響をうけて、営業状況は芳しくなかった。[15]

津島文治が町長に就任後の最初の町議会は、11月17日の午後1時に開会、その席上、町の長老で町長・助役を務めた高橋良三郎議員は、次のように文治をたたえている。

「この町をこの現状から救える人は、最新の政治経済学を修めた、新進の津島町長のほかに、適当な人がいない。我々の時代にこれをなし得なかったことは、残念であり、かつ申し訳ないことであるが、郷土再興のため尽力して欲しい[16]」。

津島町長が行った仕事は、一般行政の掌握のほかに、主として経済復興および町の基礎作り対策の検討であった。新町長は一般の住民との対話を特に好んだといわれ、その理由を文治自身「自治行政は、住民との対話から始まる素朴な行政である」からだ、と語っている。[17]

⑶県議会議員時代

津島文治は金木町長を約2年務めた後、1927年9月25日、県議会議員に転出し、当選した。「政友会」所属の数え年で30歳という若い県議会議員の登場であった。文治が獲得した票数は3441票で、北津軽郡では最高得点であった。当時の新聞は、津島文治のことを「最年少県議」、「新しいゼントルマン」、および「貴公子」と書き立てた。[18] 文治が県議選へ出馬するにあたっても、町長選の時と同じく、父源右衛門の側近以来の取り巻き連中がしっかりとお膳立てし、担ぎだした。文治は、この県議会議員を4年の間をおいて2期務めている。

なお、この時の選挙から「普通選挙制」が導入された結果、有権者数はこれまでの倍以上に増大した。ただ、津島家は小作人290戸を抱えており、それをがっちりと固めてさえおけば、有力な基礎票となった。それに加えて、津島文治には銀行および鉄道会社の株主として十分なカネもあったし、また津軽地方の大地主という強みもあった。さらにこの選挙には、文治の母校・五所川原農学校の福士幸次郎・校長を初めとして、学校挙げて応援に回ってくれたのも幸いした。[19]

最年少議員として当選した津島文治は、1927年の県議会での初質問において、〃農学校教育を充実させるべし〃、と述べた。その際、地元の『東奥日報』は文治のことを「天晴れの雄弁家、県議会の近衛候」と持ち上げている。翌年1928年11月の県議会において、文治は次のような演説をぶっており、彼の思想的立場の一端を知ることができる。

「今日の思想界の動揺は、甚だしく、今にしてこれを防止しなければ、その弊害の及ぶところ憂慮すべきものがある。……それには、神職、神官をして、大いに活躍させる必要がある。思想善導をはかるには、最も愛国心の強い、学徳のある神官を選んで大いに活動させるのでなければ、一片の県令をもってしては、不可能だと思う」。[20]

この年、青森県では共産党の大検挙、いわゆる〃3・15事件〃があり、特高警察が設置された年であった。津島文治は天皇を頂点とする家父長制度に支えられてこそ、大地主の地位も安定であり、それを脅かす無産運動や左翼思想は、早いうちに摘み取っておかねばならず、そのために、国家神道の力を借りることだ、と考えたのかも知れない。(21)

１９３１年は、県議会議員改選の年であった。政友会県支部は６月、新しい県支部長に満場一致で津島文治を推薦した。政友会の面々は、「弁のたつ若きゼントルマン」、「毛並のよいカネもち」の文治を先頭に担ぎだし、９月の県議会選挙を戦いぬこうと考えていたのだ。

しかし津島文治の方は、「一兵卒が一躍大将になったところでどうなるものでもない」として、この申し出をはね除けてしまう。政友会の方では、交渉委員を金木町に派遣、文治を口説き落とそうとした。だが、文治は〃若輩ものですから〃と強く固辞した。そればかりではない。何と、文治は県議会議員選への立候補要請も蹴ってしまったのだ。出馬すれば、連続２期当選は間違いなかった。ただ、４年後の１９３５年９月には、強く固辞していた県議会議員選に出馬して当選。１９３７年４月29日まで２年間、県議会議員を務めている。文治は現職の県議会議員でいるほうが次のステップの足掛かりになる、と考えたのである。(22)

⑷衆議院議員当選辞退

津島文治は20代で町長に当選し、そして30代直前で県議会議員になった。そこで次なる目標は40代で衆議院議員になることだった。１９３７年３月末、林銑十郎内閣が衆議院を解散、４月30日、総選挙が行われることになった。県議会議員として順調に歩んでいた文治は、いち早く出馬の動きを見せた。

ただ、政友会内では有力候補者が乱立し、公認候補者が決まらないまま選挙戦は自由競争の形で進んだ。最終的に4月半ばになって、政友会は現職の工藤十三雄と新人の津島文治を青森県第2区の公認にすることに決定した。選挙戦は定員3議席に対して9人が立候補するという乱戦であった。[23]

選挙の結果、津島文治は1万1083票獲得して、第2位で当選した。しかし、問題が生じた。投票日の10日前ごろから津島派の大がかりな買収（いわゆる「三武小便事件」）が発覚、文治自身も検挙されて自宅から五所川原署に連行された。文治は金銭が絡んだ選挙違反に問われたのである。福士重太郎署長じきじきの尋問となり、五所川原署に勾留されたまま投票日を迎えるという異常事態となった。ただ、文治の方は留置場で当選不承書と県議会議員辞任届を書き、家族に提出するように伝え、それは5月8日に提出された。「熟慮に熟慮を重ねてきたが、どうしてもこの際辞任しなければならない」。それが文治の言い分である。[24]

衆議院議員の当選辞退は、わが国の憲政史上例がなかったばかりか、反対党の候補者繰り上げ当選という予期せぬ事態をもたらし、政界に一大センセーションを巻き起こした。結局、この選挙違反事件は、罰金2000円、10年間の公民権停止という重い罰となって決着した。文治自身が事件を争わず、事実を全部認めたからである。[25]

こうして津島文治は、わずか数日のみで、衆議院議員の身分を捨てたのである。この時の文治には、〝辞退居士〟というあだ名がつけられた。文治はその後敗戦までの足かけ9年あまり、衆議院議員だけでなく、県議、金木銀行頭取、北津軽郡青年団長、および西北畜産利用組合長など、ほとんどあらゆる公職から身を退き、自宅で蟄居・雌伏している。そのため、幸運にも戦後「公職追放（パージ）」を免れることができたのである。[26]

では、津島文治は戦時中、一体何をしていたのであろうか？　日本が戦争に入ってからは、文治にとって身体の静養中で、かつ精神修養の時期でもあった。文学、政治関係の本を購入し読書三昧の生活を送り、そのかたわら、養鶏事業や趣味の弓道の練習に専念していた。[27]当時、金木の小学校訓導で、文治の長男・康一に論語を素読していた外崎美智雄は、文治から『国体の本義』という本を読まされ、「まるで試験をされているようだった」と、述懐している。文治はこの期間を、政治家として再起するために知識を充電することに充てていたのである。[28]

津島文治自身は健康がすぐれず、しかも結核の疑いもあったので、兵隊には取られることはなかった。しかし、本人はこれをひどく気に病み、「兵隊さんがお国のために働いているのに、自分たちはこんな生活をしているのは申し訳ない」、これが文治の口癖だった。[29]

津島文治は、今度の戦争で〝日本は負ける〟と断言していた。というのも「米国に比べると飛行機は蚊の唸る位で、油がなくて松根油をとって、仮にそれで間に合うにしても、軍艦はミッドウェーの海戦でやられてるっていうし、このあと何で戦いしバ」と述べるなど、文治はこの戦争が米軍の物量作戦にかなわないことを、早くから認識していた。[30]

3、青森県知事

(1)知事1期目

1945年8月15日、日本は米軍を中心とする連合国軍に戦いで敗れ、新しく出直すことになった。戦争中、大政翼賛会一本に抑えられていた政党が次々と新たに結成され、来るべき衆議院総選挙に備えていた。津島文治は、幣原内閣の与党「日本進歩党（以下、進歩党と略）」に入党、この年12月、県支部長に選ばれている。文治は「天皇を中心とした国体を擁護し、私有財産制を守らねばならない」と考え、戦後合法化され勢力を伸ばしてきた共産主義を大地主の1人として恐れていた。(31)

戦後初めての衆議院総選挙は、翌1946年4月10日に実施された。この時から選挙法が改正され、1県1区、定数7名で連記制が採用され、1人で2票投じることになった。また女性にも参政権が付与され、青森県の有権者数は50万2981人に増えた。総選挙で津島文治は、3万2768票を得て第6位に滑り込み、父親源右衛門に続いて、晴れて衆議院議員に当選、国会の赤じゅうたんを踏むことになった。この時文治は満で48歳になっていた。(32)

ところが、翌１９４７年４月５日、県知事選挙が行われる運びとなり、文治はこれに立候補を決意する。初の「民選」選挙となった知事選挙には、進歩党から民主党に看板を変えた党青森県支部長の津島文治、自由党青森県支部長の小笠原八十美、社会党青森県連委員長の大沢久明、および無所属の白瀬潤次郎の４人が立候補した。白瀬を除けば、上記の３人はいずれも前年の１９４６年の衆議院総選挙で当選した現職の衆議院議員たちで、衆議院議員の職を辞しての立候補は初代の民選知事選への期待の大きさを物語っていた。選挙結果は、津島が17万７８１８票を獲得し、次点の小笠原（15万３１３６票）に２万４６８２票の差をつけ、初の公選知事の栄冠を勝ち取った。投票率は全体が77・39％と思いのほか高く、当時の県民の知事選挙に対する注目の高さがうかがわれる。[33]

従来、知事は官選だった。だが、戦後の民主化により、有権者の選挙で直接選出されることになった。初代民選知事の座、それは、当時の地方政治家にとってのどから手がでるほど欲しい、栄冠のようなものだった。だから、県内の各政党から、衆議院議員の経験を有する大物政治家たちが、この栄冠を獲得しようと揃って出馬したのである。津島文治もまた、前年当選したばかりの衆議院議員の議席を捨てて、結党間もない民主党からの公認を得た有力候補者として立候補し、知事の座を手にしたのである。[34]

この知事選挙は、津軽の津島と南部の小笠原の対決ともいわれ、「津島は自分の財産を売って金を使えば、小笠原は中央から金を集めてきてバラまいた」という。[35]その事実はまた、いわゆる〝津軽選挙〟として知られる金権選挙の一端をはしなくも示している。当選した津島は金木町の自宅において、当選の喜びと今後の抱負を次のように語っている。

「今度の選挙は小笠原氏を相手に政治生活の一切をかけた戦いでした。幸い県民多数の御支援を得て当選の栄冠を得たことは真に感謝にたえません。今後は公僕として最善をつくし御期待に報いるように努めます。先ず当面の問題としては何といっても食糧問題でこの解決には最善の努力を傾けたいと思っている[36]」。

津島文治は5月14日、青森市の県立工業高校で行われた知事の就任式挨拶において、「民選知事として責任を感じるとともに、県民の協力を願い、若い青森県建設に、真に青森県のために民主政治を県民とともに図りたい」と宣言した。それはまた、新しい地方自治法の下で始まった〝民主的県政〟の宣言でもあった[37]。

しかし、津島知事の高邁な決意にもかかわらず、戦後の県政は混とんとしていた。実際、食糧難、住宅難が人々の生活を直撃、しかも、それを解消するだけの財源を欠いていた。また、何を実行するにしても、進駐していた「連合国総司令部（ＧＨＱ）」の青森軍政部に出かけて伺いを立てなければならなかった。その上、県内各地の農村では、「供給米」出庫の拒否が続いた。また一方では、ＧＨＱの指令に基づき自作農の創設などを目的とした「農地改革」が進んでいた[38]。

新憲法に基づく地方自治法の制定により、県財政はその規模、制度、および内容において大きな変革を余儀なくされた。最も大きな障害は財政難であり、そのため、津島は知事として、大きな困難に直面、ついに任期途中に辞任に追い込まれている。

この一連の経緯を詳述すると、津島文治は１９４７年5月、初代の民選知事として就任以来、行政の科学性を掛け声に県に「企画室」を設置、また、県内農業の実態調査、電力事情の調査、水産、地下資源開発に着手する一方、県費を投入して資本金1億5000万円の「リンゴ振興会社」を設置するなど、リンゴ産業の改革を促進した。実際、津島県政の1期目の3ヵ年間は、大きな業績を上げたといってよい。しかし、津島知事はドル箱であった「リンゴ取引税」の廃止により、県財政が赤字へと転落することとなり、その責任をとって退陣を余儀なくされる。リンゴ取引税は、財政難であった津島財政を支えてきたし、それは、年に総額2億5000万円にも達する貴重な財源であった。

しかし、地方税税制審議会は1950年3月25日、県財政の〝ドル箱〟であったリンゴ取引税を不許可とした。その理由は、リンゴ取引税が法定外独立税で、「内国関税」だとみなされたからである。津島知事は、税制審議会に代わった地方財政委員会に税復活の望みをつないだ。だが、同委員会の動きは知事側に有利に展開しなかった。そこで9月3日、津島知事は県内リンゴ関係4団体との交渉を最後にリンゴ税復活の希望を捨て、在職3ヵ年で初代民選知事の座を退く決意をしたのである。[39]

津島知事は9月28日、開催された自由党県大会において、「任期中に自分の進退の影響する事態が生じれば、辞任する決意であった」と語り、辞職の理由を次のように述べている。

「過去3年において県が徴収してきたリンゴ税の総額は4億4000万円に達し、これによってあらゆる施策を行ってきた。私が他日何らかの治績を納めたと批判されるならばこの税源によるものであった。従って今春地方税税制審議会においてリンゴ税が否決された際も復活を決意、この財源を見込んで25年度事業計画予算を編成し県民の要請に応えようとした。しかるにその後、リンゴ関係4団体と折衝の結果全面的な反対にあい、再度県内の争いを中央に持ち出す愚をさけるため打ち切りを決意した。これによって公約の大半が失われ、私がこの事態を見通し得なかった政治的不明が明らかになった。前に述べた信条とこのような経緯から私はこの際辞職して責任を明らかにすべく決意した[40]」。

津島知事の辞職決意は、開催中の第9回県臨時議会で具体化し、9月28日付けで辞表が提出され全会一致で承認された。こうして、第1期の津島県政は3年でピリオドが打たれることになった。

(2) 知事2期目

津島文治が知事職を辞任した後、後任の知事選挙をめぐり、県内の各党は活発な動きを示した。津島知事の与党＝自由党はあくまで津島の再出馬を促し、10月9日、党議をもって候補者に決定、結局、津島は再出馬を承諾する。そして10月15日、県選出の佐藤尚武・参議院議長の提案で、議長公邸で開催された在京の県政界長老たち、すなわち、佐藤尚武、工藤鉄男、苫米地義三、笹森順造、および夏堀源三郎ら自由党と民主党との〝五長老会談〟の場で、知事は超党派的であるべしとの声明が発表され、津島候補を支援することが決定された[41]。

こうして津島文治は、自由党を離れて中立候補として出馬することになった。ただ、津島のとった行動、つまり、知事辞任後→不出馬→党のためやむなく立候補→中立と三転した経緯については、一部の県民から強い批判を受けた。一方、社会党は、米内山義一郎を擁立、知事選は津島候補と米内山候補との一騎打ちとなった。

政治学者の木村良一が指摘するように、この時の知事選挙は、見方を変えれば、津軽の津島に対する南部の米内山という構図になった。しかし、この選挙戦は政策らしい政策論争もなく、1ヵ月間にわたる選挙運動が終了、県民からは「戦車と竹やりの戦い」とか「米内山ドンキホーテの玉砕戦」と揶揄され、選挙戦は終始盛り上がりを欠いた。[42]

選挙結果は、津島が26万9570票を獲得、米内山は10万4211票に留まり、津島は16万票以上の差をつけて圧勝した。津島が圧倒的に勝利した要因は、自由党と民主党の保守勢力の一本化が実現したからである。また、津島が自由党を離党して中立の立場から無所属で立ったことも幸いした。なお、投票率の方は、前回から14ポイント減の63・04％という低率に留まった。津島は県民の大きな支持を背景に、知事として再び県政を掌握することになり、県民所得の増加、鉱産、および工業の振興を掲げて第2期の津島県政を発足させることになった。[43]

1950年12月、県議会の第12回定例会が開会され、知事に再選された津島文治は開会冒頭に挨拶し、次のように明言した。

「120万県民に厳粛なる信託をうけ、本県知事として再び選ばれたことは光栄である。本県としては将来の恒久的振興対策を樹立すべく、まさに建設の段階に到達している」[44]。

越えて1951年2月27日、県議会の第23回定例会が開会され、会期を3月18日までの20日間と決め、続いて津島知事から、1951年度県歳入歳出予算案が説明された。1951年度の県予算は、歳入歳出とも前年度を当初予算より5億7507万円増加、41億3099万円に上った。だが、提案説明の中で津島知事は次のように述べて、物議をかもした。

「節約の要点は、給与費において教育の教員700名を増員したが、県職員についても将来新規模の増員を必要とする事務の増加のあることも予想されるが本年度内に400名の減員を行い、さらに機構の簡素化を行うことにした[45]」。

津島知事は、県予算の節約を今年度内400名に上る職員減員で断行、これを公共事業費の国庫委託事業費の予算に組み入れ、土木関係では7億1500万円の他に県単独事業費に1億466万円計上したのである。津島知事は提案説明の中で、1950年8月の地方税制改正以来、県は極端な財政難に陥ったと述べ、県としては〝事業縮小かしからずんば人員整理か〟という2つの方法しかなく、結果的に後者をとって県政を運営していきたい、との方針を明らかにした[46]。

しかし、この人員整理案は、世論をいたく刺激し、マスコミなどでも大きく取り上げられ、異常な反響を呼んだ。とくに県職員組合は、緊急指令を発して整理絶対反対の気勢をあげた。県職員組合は、「今回、知事の整理声明は政府の低賃金政策に対する追従政策であると非難し、本部および支部で職場大会を開催するなど、県首脳部の意図を不当であるとして絶対反対である」との強い決意を表明した[47]。

開会中の県議会においても、当然、質疑の大部分は人員整理の問題に集中。ことに野党の民主党、社会党、および共産党から活発な質疑が展開され、知事は400名の大量の人員整理に関する影響をどのように考えるかなど、について質疑が集中した。野党議員の批判に対して、津島知事は「整理といっても、年々250名が自然退職するので実際の出血は200名程度である。これらの出血整理者は傍系団体や病院、教員などに振り向けたい。部課の統廃合は県政の上にプラスになるよう慎重に進めていきたい」と答弁した。[48]

続いて、6月30日に開催された県議会の第24回定例会においても、県側は「職員に対する退職手当の臨時措置に関する条例案」を提出、退職者の優遇措置を講じ、希望退職者の道を開いて400名の退職者の実現に備えた。その上で、津島知事は定例会の冒頭で県財政の窮迫を説明し、1952年度末までに7億円の赤字を背負うだろうと述べた。

最終的に、野党の批判に対して、津島知事は現在の段階では、大量の整理が困難であるとの認識を披露したものの、結局、最初に見込まれた400名の整理の完全実施を強行、年内にその目的を達した。しかもその後、1952年度内に地方事務所の廃止を断行すると共に、「第2次行政整理」も断行した。このように津島文治は知事として、強力なリーダーシップを発揮したのである。[49]

知事2期目の大きな争点として、世間の注目を集めたのに、いわゆる〝再議（＝拒否権）〟問題がある。津島知事は、1954年度の予算編成の過程で、国の緊縮財政方針に伴う国庫支出金の縮小を考え、一般会計予算総額を80億円未満に縮減する方針を示し、従来の1局9部34課を大幅に圧縮するとともに、地方の出先機関を統廃合、経費の削減を図ることにし、しかも、機構改革で県職員定員200名の行政整理を行って、昇給も一切停止することにした。

この方針に基づき、1954年度歳入・歳出予算とその他の議案が3月1日に招集された県議会の第37回定例会に提案された。だが、審議の過程で議会は与党、野党とも意見が分裂、また、議会外でも、利害関係者が猛烈な反対運動を展開、会期を3度も延長して3月30日、修正動議が可決された。この時、津島知事から再議発動の通達書が議長の手元に提出された。ただ、審議の方は時間切れとなり、午前0時、会期は満了・流会となった。

再議については、有効なのか無効かという議論が生じたものの、自治庁は知事の手続きを正当だと認め、修正動議は白紙となった。その後、津島知事は原案の一部を改め、その他は当初案通りにし、4月21日に招集された臨時会に提案、野党が退場する中で、与党自由党の単独採決で押し切り、可決した。[50]

津島文治は、独自の政治手法を駆使して無事に知事2期目の4年間満期を務めあげた。そんな津島が〝津軽の殿様〟との尊称を得るようになったのは、県知事になって以来のことだ。知事が殿様というのは、いささか誇張したいい方である。それは、津島自身の人柄が端正にして気品を感じさせたからであろう。さらに、短気で潔癖だったから、いつしかそれが通り相場になっていた、と思われる。[51]

元県教職員組合執行委員長で、津島知事と団体交渉で何度もやり合った秋元良治は、知事時代の県秘書課の雰囲気を次のように伝えて興味深い。「秘書課に入ったとたんに津島知事が在室なのか否かが直ちに察知できたのは次のようなことからなのだ。つまり、気難しくてわがまま、ワンマンにして短気、ジョッパリな上に機嫌ジョウゴという、いわば私が幼少のころ、弘前生まれの祖母から聞かされた津軽の〝むがしコ〟に登場してくる殿様たちの気性を一身にあつめたとでもいうべきか、〝殿様知事〟といわれていた津島文治だ」と、指摘している。

その上で、「津島知事が上京中などで不在のときは、秘書課の部屋は、のんびりした雰囲気をただよわせている。課長は、県政担当記者と茶を飲みながら世間話に花を咲かせたり、仕事をしている職員たちの間からは、ときおり笑い声もでたりする」と述べ、「ところが、殿様知事が在室の場合は、前記とは様相が全く逆になり、静かさをただよわせた重苦しい雰囲気につつまれているのだ。笑い声どころか、仕事のことで職員たちの話合も小声となり、ものすごく緊張した表情をしながら執務をしている」。「だから、外来者の私にしてみれば、秘書課のドアをあけて部屋のなかに入り、どちらの雰囲気になっているかで、津島知事が在室か否かが、いとも簡単に察知できるというわけなのだ[52]」。

⑶知事３期目

津島文治の知事としての2期目は、１９５４年10月でもって終了した。だが、文治の方は、県があらゆる面から見て自身の責任で解決すべき多くの懸案事項を抱えていると考えていた。そこで当然、３期目の出馬を覚悟していた、といわれる[53]。

知事選挙は10月11日に告示、11月５日に投票が行なわれた。この時の選挙では、津島文治は最初から中立の立場をとっていたので、自由党は候補者として元青森市長の千葉伝蔵を擁立して対抗、その他に農協を主力とした山内亮、社会党公認の米内山義一郎、養成会の間庭信一が出馬した。

11月５日の知事選の結果は、津島が16万１４５５票を、また山内候補が９万４８９１票を獲得、津島は山内を約６万６０００票の大差をつけて知事に当選、３度目の栄冠を勝ち得た。なお、この時の選挙ではかつて政敵であった、小笠原八十美・前衆議院議員が全面的に支援してくれたことが特筆される。これで、従来いわれてきた「津軽」と「南部」の政治的なわだかまりが払しょくされる一因となったし、また、山崎岩男・衆議院議員が自由党支部長を辞任してまで応援したことも、津島陣営にとって幸いした[54]。

3選を果たした津島文治は、青森市大町の選挙事務所において、万歳の嵐の中、次のように抱負を語っている。

「県民の皆様のご支援を得て当選した以上はいろいろな公約を速やかに実行していきたいと念願している。3期当選したため緊張を欠いたりマンネリズムに陥ることなく緊張して清新な気持ちで創意工夫をこらして県民の皆様のご期待に添えたい。責任の重大さを痛感し、いっそうの努力を傾注する」[55]。

地元の『陸奥新報』は、選挙前の予想では津島が不利であると見られていたのが、大量得票を獲得した理由を次のように分析している。

① 津島3選の阻止のさけびがあまりに強く他候補によって叫ばれた他に自治庁の見解等が大きく扱われたことが逆にインテリ津島への支持を大きくしたことが挙げられる。

② 津島氏があくまでも〝県民との約束〟を理由に自由党入党を拒否して無所属で出馬したことが浮動していたインテリ層の票を集める結果となった。

③ 津島氏には釈然としないが、それかと言って津島以外に信頼出来る人間がいないという人物本位の票が集まったことも大きな原因として挙げ得る。

④ そして以上の諸要素が〝現職〟の強みによって固く裏打ちされていたと見て間違いないだろう。[56]

要するに、津島打倒の声に同情票が集まり、南部でも小笠原の支援で憂いを一蹴し、その結果、現職の強みを十分に発揮して当選したのだ、といってよい。

今回の知事選挙は、保守系が乱立する中で、候補者の調整に困難を極めた。だが、津島は3選によって県政に存在した政争の芽をある程度摘みとることができるなど、安定した県政の運営が期待された。[57]

しかし、その期待とは裏腹に、津島文治は１９５６年6月、知事3期目の途中で再び辞任するはめとなる。そのため、この年の県政最大の話題は、何よりも津島知事の動向に注目が集まった。津島知事は5月29日、大島勇太朗・県議会議長に「一身上の都合により、退職したい」旨の辞表を提出、議会は6月1日、臨時会を開催してこれを承認した。

すでに述べたように、津島文治は１９４７年4月、初代民選知事に当選以来、全国でも数少ない３選知事として、９年2ヵ月にわたって首長の座に君臨してきた。辞職の理由について、文治は公式には「北部上北の開墾、八戸市への工場誘致など公約の実現をみたので辞める」と説明した。だが真相は、県議会の与党ともいうべき自民党が、旧民主党と旧自由党とに内部で対立するなど、津島知事は多数派を制止できなくなった点が大きい。[58]

ここで、津島文治が知事を辞任するに至った経緯を詳しくみておこう。この年の県議会の第30回臨時会は5月24日に招集され、会期は24日から26日の3日間と決まった。主たる議案は、軽油取引税創設による追加更生予算で、この議案に関しては問題がなかったものの、重ねて「中間給条例」について議員の発議があり（中間給条例については後述）、会期を1日延長して自民党、社会党、および県政クラブ3党による〝発議ゴッコ〟の形となり、結局、自民党が発議した「警察職員の昭和30年度における昇格昇給に関する特別条例案」を議決して、他の議案は否決された。このような事態に対して、津島知事は予算、条例など一連の提案に対する修正議決の決意を固め、5月29日、大島議長に辞表を提出した。6月1日、第31回臨時会を開催して、「知事の法定期間日前退職」について同意が与えられ、9年2ヵ月にわたる津島県政に終止符が打たれるのである。(59)

3選を果たして出発した津島文治は、知事職をわずか1年半で再び辞任するという予期せぬ展開となった。津島知事は県財政の悪化を理由として、県職員の定期昇給を2分の1に押さえる、「中間給与」を打ち出したものの、県警察本部の猛烈な反対を受け、また県議会の与党である自民党議員にも反対された。そこで知事は、歳入増を図るため県税の増税と中間給与制度の条例化を決意し議会に諮った。だが、与党の議員たちは増税が無理であるとしてこれを修正、また中間給与条例も社会党が強く反対した。こうした状況の中で、与党自民党は、旧民主党系と旧自由党系とに別れて知事を揺さぶり続け、そのため議会は紛糾を重ねた。臨時会で原案を修正された津島は、知事の座に魅力を失い、嫌気をさして辞任を表明したものと思われる。(60)

地元紙の『陸奥新報』は、社説「知事辞任と県議会および警察当局の態度」の中で、次のように関係者たちの対応を批判した。「選挙民の声もきかぬのに卒然としてみずから退陣のみちについたのは、……そうした明るい表だったことよりも、ゆきづまりを感じて暗い心境におちいってきているところへ、4月臨時県議会における中間給条例の修正議決となったことが、なによりも大きな契機となり、それによって辞任のみちをえらんだにほかあるまい。4月臨時会で修正議決がおこなわれなければ、おそらくこのたびの辞任ということにはいたらなかったであろう」と指摘。だから、「そうしたところからいって、知事が辞任することになったという結果を現象的にみれば、端的にいって中間給与条例の修正を議決した議会側と、議会をしてそうさせた警察当局が、知事をして辞任を決意させるにいたったといってよかろう」と総括した。[61]

県知事に在任すること3期、満9年と2ヵ月、津島文治・知事の退任を承認した6月1日、県議会は県政クラブ・秋元岩五郎議員、社会党・佐藤義男議員、そして自民党・高谷金五郎議員を代表として壇上に送り、決別の辞を述べた。留意すべきはこれまで、津島県政に対して反対の立場をとってきた社会党の佐藤議員が、次のような感謝の言葉を添えて、津島の知事としての功績を称えたことである。

「今、お別れに際し津島さんの功績を大きく称えたい。知事選挙の公約は後進性の脱却であったが、その効果は今実を結びつつある。また各県とも非常に問題になっている赤字解消については他の県は法（＝地方財政再建促進特別措置法）による再建整備を考えている場合に、津島さんは民主主義の基盤である地方自治体の権限を縮小することなく、自主再建の方途をとり、国が考えている法の整備という圧迫から断固対決したその姿、私ども社会党は津島さんに大きく敬意を払う[62]」。

4、衆議院議員および参議院議員

(1)衆議院議員時代

知事の座を去った津島文治は、約2年間の休養期間を経て、1958年5月22日に実施された衆議院総選挙に、青森第1区から無所属で出馬・当選する。1956年に、それまで3期9年務めていた知事を任期途中で辞職して以来、津島は政治の表舞台にこそ出なかったものの、この2年あまり、ひそかに衆議院議員の座を狙っていたのである。[63]

確かに、知事時代の津島文治は、清廉潔白で、物事を論理的に理詰めで処理し、県民生活の向上に積極的に全身を傾けて取り込み、権謀術策的な姿勢はあまり見られなかった。しかし、後述するように、衆議院および参議院議員時代の津島の行動を見ると、時の状況におぼれ、しかも〝遠慮深謀型〟の選挙上手な「政治家」としての姿勢が強く感じられる。

1958年5月22日の第18回衆議院総選挙には、津島文治は地元であるはずの津軽の青森第2区からでなく、南部の第1区から出馬、4万2648票を獲得して第4位と最下位ではあるが当選。次点の森田重次郎は3万7642票獲得、森田に5006票の差をつけて衆議院議員の座を手にした。地元紙の『東奥日報』は、選挙戦を振り返って、次のように報じている。

T　津島も危なかった。

M　背水の陣だった。

A　〝津軽の殿様〟でいれば問題なかったのに、第1区では知事3期の実績で辛くも面目を保った。

M　ともかく津島は死にもの狂いであった。こんな苦しい選挙はなかったといっていた。

K　津島はおぼれるものワラをもつかむという傾向があった。大畑町ではメシア教まで手にいれたという話だ。

T　津島はなんといっても県庁の幹部をにぎっていたことは強みだ。

M　山崎知事が庁員を使ったといわれるが、これもどうもね。[64]

何とか衆議院議員の議席を手にした津島文治は、第1区から出馬した理由と今後の抱負を次のように語っている。

「あえて1区から出馬したのは陸奥湾をはじめ、青森、八戸の商、工、漁港の発展、地元資源の開発、略農地帯の拡充など2区にくらべて多くの未開発の問題が山積しているので、これらの諸問題と取り組んでみたいと思ったからである。特にテンサイ糖工場の誘致と陸奥湾の科学的解明を基礎に県民所得を増すことに全力を尽くす考えである。[65]」

この時の衆議院総選挙を前にして、自民党系の各候補者は互いに公認問題をめぐって争った。ことに、第2区の選挙基盤を捨てて第1区に転身した元知事・津島文治と県議会副議長・白鳥大八との争いは最後まで決着がつかず、自民党は第1区で4名の定員のうち3人しか公認せず、結局、三星実と並んで津島と白鳥は無所属で選挙に挑むことになった。[66]

津島文治が第1区に回った理由は、地盤である第2区から友人の三和精一が立候補し、やがて娘婿の田澤吉郎も衆議院に出る考えを持っていたからである。それに加えて、文治は立候補の際に、出馬するようで出ないような、どっちつかずの〝人心惑乱術〟戦術を展開していると見られ、有権者から批判を受けた。津島の第1区出馬を不快に思ったのは、主に三浦一雄を頂点とする旧民主系の議員たちである。[67]

この辺の事情を、政治学者の木村良一は、次のように分析している。

「しかし、津島は、1区からの立候補を知事辞任した早い時期に決めていたとの見方もあった。それは、第4回知事選で、自民党平野善治郎の公認候補を応援しないで、無所属の山崎岩男を支援したことからも読みとれた。1区から出馬すると、(友人)三和への義理も立つし、しかも(1区の)山崎の地盤と故小笠原の地盤に新しく乗っていけるからであった。山崎の地盤の継承と小笠原地盤の開拓、これによって1区の津島地盤が強固なものになる。この読みがいかに的を射るものであったかは、文治亡き後の(弟の娘婿)津島雄二議員の地盤継承で実証されている[68]」。

要するに、津島文治が衆議院議員に当選できた要因は、総選挙に先立って行われた金木町長選挙問題

(実弟・英治町長の当選取り消し・撤回事件)に災いされて危なかったものの、知事3期という高い知名度、山崎現職知事の応援、並びに東青と下北郡での大量得票にあった。これで第2区の政治家・津島文治は第1区の有権者たちにも認知された形になった。[69]

1960年10月24日、岸信介内閣の跡を継いだ池田勇人・首相は衆議院を解散、11月20日に総選挙が実施された。津島文治は再び第1区から出馬、自民党県連は今回、現職の三浦一雄、夏堀源三郎、および津島をすんなりと公認候補者に決定した。総選挙の結果、津島は5万686票を獲得、第3位で当選した。津島の地盤は元来、津軽地方が中心であって、前回はいわば〝落下傘候補〟であったが、今回は、元知事の知名度を十分に生かし、また「金木事件」のような不安材料もなかった。社会党・淡谷悠蔵(5万3629票)のトップ当選と次点・森田重次郎(5万578票)の追い上げ(票差108)があったにもかかわらず、津島は池田首相の強力な支援と、持ち前の選挙上手でなんとか当選できたのである。[70]

だが、第2区で問題が生じた。自民党県連は三和精一、竹内俊吉の現職を公認した。しかし、前回次点の楠美省吾と前県議会議長の田澤吉郎との間で公認をめぐって紛争が生じ、県連は調整の結果、楠美を公認にした。おさまらないのは田澤の方である。田澤はこの総選挙に向けて前年の県議会選出馬を見送り、早くから出馬の準備を進めてきたからである。田澤の妻陽は津島文治の長女で、津島にとって田澤は娘婿であった。津軽地方の文治の地盤(票)と田澤の前県会議長の地盤(票)をもってすれば十分に当選が可能であると見られた。[71]

ここで津島文治は、娘婿田澤の窮地を見て手を差し伸べたのである。つまり、「当時池田(首相)の直系といわれた津島が、(自民党)本部に圧力をかけ、田澤の準公認を勝ち取ったのである。本部レベルでの準公認となった田澤を、県連でもやむなく追認すること」になったのはいうまでもない。[72]

こうして田澤は42歳という若さと〃ケネディブーム〃にあやかって台風の目となり、5万3909票と最高得点で当選した。その結果は、まさに「津島の娘婿」前県議会議長と池田首相直系のバックという要素が見事にミックスして有利に展開した結果に尽きる。[73]津島文治は、自分の権力的地位を盾に、権謀術策を展開して娘婿である衆議院議員の当選を助けたのである。つまり、津島は県政界のボスとして、山崎岩男知事に強い影響力を有したばかりでない。青森県の第1区および第2区の議席を義理の親子でもって手にしたのだ。

それでは当時、津島文治自身は肝心の国会において何をしていたのか。岸内閣の下、安保騒動の渦中で、国会は乱闘騒ぎであった。実際、青森第1区選出の社会党の淡谷悠蔵などが衆院議長席を占拠、自民党の議員が大挙して押し寄せたが、津島はその最後に陣取り、わっしょいわっしょいと叫んで、押していたという。[74]

また、衆議院で警察官職務執行法の審議が大詰めにきた時、強行採決は必至という場面で、議長室や議場入り口で議員同士の衝突が始まった。秘書の岩田正は「津島先生は第一線にいて危ないから、早く連れ戻した方が良い」と仲間の秘書から教えられ、懸命にさがしたところ、「やっと先生をみつけた。議事堂の廊下の窓枠の辺りは、石積のせいか少し広い。そこにちょこんと腰をかけていた。廊下一杯に押し合い、へし合いしている議員の中で、そんな所に腰を下しているのは先生だけだった」と証言している。[75]

1963年11月21日に実施された第30回衆議院総選挙には、津島文治は第1区から自民党公認で出馬、4万8910票を獲得したものの、社会党の淡谷悠蔵に2319票の差をつけられて次点に甘んじ、初めて選挙で敗退するという屈辱を味わう。その原因は、国立工業高等専門学校（工専）の青森市への誘致に失敗、県南地区から感情的な反発を買ったこと、また衆院選直前に、津島知事時代の副知事・千葉元江と人事課長・飛内正六が青森市長選に出馬、両者は同じ津島系だったため津島派が分裂し、前青森市長・横山実との間で感情的なしこりが生じ、津島の票が青森市と東津軽郡で伸び悩んだからである。

図表１からも明らかなように、１９４６年の総選挙を除いて、各種の選挙において青森市が津島文治にとって、いわば〃ドル箱〃だったことがわかる。

ただ、この時の総選挙については、津島文治自身が、前年１９６２年12月の中旬に、岩田秘書に次のように漏らして選挙への不安を語っている。いわく「次の選挙は落選です。私はこれまで何回も選挙をやってきたが、こんな不安に襲われたのは初めてだ」と。[76] 実際、津島の予感は当たり、22日の午前1時半すぎ、青森市の全開票所の速報がはいると、選挙参謀の三戸千代治が〃負けた〃とソロバンを置いた。そして誰かが〃青森市が敗因〃と叫んだ。それを聞いた津島は、がっくりと腰を下ろし、「初めての敗戦をジックリとかみしめて、再出発をしたい」と敗戦の弁を言葉少なに語った。[77] こうして、津島は生涯で初めて、しかも唯一の落選を経験し

図表〈１〉津島文治の衆院、知事選、および参院選における得票

年	総得数	青森市	東郡	北郡	西郡
1946（衆院選）	32,768	420	701	14,796	6,678
1947（知事選）	177,818	20,515	19,862	29,203	23,789
1950（知事選）	269,570	24,437	29,628	33,757	26,910
1954（知事選）	161,455	15,424	11,150	23,424	21,569
1958（衆院選）	42,648	23,684	5,570	・・・	・・・
1960（衆院選）	50,686	28,359	6,870	・・・	・・・
1963（衆院選）	48,910	26,988	5,324	・・・	・・・
1965（参院選）	183,439	31,664	6,260	14,542	14,786
1971（参院選）	260,633	44,894	10,017	16,968	16,730

出典：『青森県議会史』、『東奥年鑑』、木村良一『検証　戦後青森県衆議院議員選挙』。

た。なお、ここで留意すべきは、津島は衆議院議員時代、外務政務次官（1960年）と農林政務次官（1962年）に就任していたことだ。しかし、地元有権者たちの陳情を聞き、積極的に関係省庁に根回しをしてあげたという話はあまり聞かない。あるいはそれも、響いたのかもしれない。その後、津島文治は参議院議員に鞍替えをするのである。[78]

⑵参議院議員時代

津島文治はかつて、「参議院というところはし、齢をとって孫のお守りをするようになってから行くところでね」とポツリと漏らしたことがある。要するに、津島は政治家の終着駅が、参議院議員になるのだという意味で、考えを述べたのであろう。[79]その参議院通常選挙に、津島は1965年7月4日、青森地方区から出馬、当選した。時に、文治は満で67歳に達していた。いわば老境期に入りつつあった。

1965年6月1日、佐藤尚武・参議院議員は任期満了と同時に引退表明した。その後釜を狙って、自民党から公認申請者が10名もでた。当然、元衆議院議員の津島文治も立候補した。ただ最終的には、全県的に知名度があり推薦支部も多かった津島が党公認と決定され、他の申請者は辞退した。[80]当初、自民党県連は前知事の山崎岩男を公認、挙党態勢が整っていた。ところが、1964年11月、山崎が風邪をこじらせて急死、亡父の意志を継ぐとして息子の医師・山崎竜男が無所属で立候補した。[81]

選挙の結果は、津島が18万3439票獲得、13万6652票を獲得した山崎を約5万票離して当選、津島はその勢いを持続、次の1971年には26万6333票という圧倒的な票を得て再選された。津島文治は、73歳の高齢に達していた。

参議院議員時代の津島文治の政治活動を見ると、１９６５年、参議院議員に当選した議員を集めて「初心会」と名乗る同期会を結成してその会長となり、30名の同期議員たちと政策、予算、および人事面で政策集団として活動している。また、１９７２年７月の自民党総裁選の時には、大平正芳を中心とした宏池会、参議院では「火曜会」と称したグループの一員として、大平政権実現のために尽力、参議院政策懇談会を立ち上げ、文治はその会長に就任している。[82]

しかし、その１年後の１９７３年５月６日、津島文治は急死する。死因は老衰に肺炎、栄養失調ともいわれた。享年75、ここに、長年にわたった津島家の家長、そして政治家としての津島文治の時代は終わりを告げたのである。[83]

津島文治は晩年になってから、参議院地方区から文治自身が、次いで衆議院２区から田澤吉郎が、そして衆議院１区から津島雄二が、という具合に、赤じゅうたんを娘婿と弟の婿を引き連れて歩くことを願い、大きな夢を膨らましていたという。実際、文治が死去した後、津島雄二は衆議院議員に当選している。２０１８年現在、青森県選出の衆議院議員は全員世襲議員で占められ、津島家とてその例外でない。津島淳が２０１２年の総選挙で青森第１区から再出馬し７万３２３７票を獲得して当選、その後連続当選し、自民党所属として衆議院議員３期目を務めている。淳の父は元自民党衆議院議員の津島雄二で、母方の祖父は作家の太宰治である。また、元民主党衆議院議員の津島恭一は従兄弟に当たる。国会議員の「世襲制」は、今日国民の厳しい批判の対象になっているだけに、政治家関係者の意識向上が望まれるところだが、その一方ではまた、津島という表看板だけで支持する有権者の政治行動も批判されねばならない。

5、おわりに――「政治家」津島文治の評価

『東奥日報』は1973年5月8日付の社説において「津島文治氏の死を悼む」と題して、〝政治家〟津島の死と業績をたたえる記事を掲載した。

「県政界の長老、津島文治氏が死去された。生来、決して頑強ではなかったが、健康には細心の注意を払う人だけに、まことに意外であり、心からその死を悼むものである。津島氏は周知のように戦前から輝かしい政治歴を持っており、ことに戦後初の民選知事として県民に親しまれた。知友は〝文学青年〟としての津島氏の側面を語るけれども、生まれつきの政治家といってよいほど、政治好きの印象を与えた。その意味では参院議員という現役のまま死所を得たことはせめてもの慰みといえるかもしれない(84)」。

この記事内容は、筆者にはやや皮肉な弔文記事に思えてならない。何故なら、津島文治が、金木町の町長選に勝利して以来、一貫して政治家としての道を歩み続けた事実を無視しているからだ。津島は金木町

選挙、県議会選挙、衆議院総選挙、知事選挙、再度にわたる衆議院総選挙、そして参議院通常選挙という具合に、その生涯を通じて13回に及ぶ選挙に出馬している。そうした中で、津島は１９６３年の衆院選の時を除いてすべての選挙で勝利してきた、いわば〃選挙のプロ中のプロ〃であった。それは津島にとって、ある種、幸せな人生でもあった。

津島文治は、根っからの選挙好きで、しかも、普段はひ弱な感じがするけれども、町長、県議会議員、知事、衆議院議員、および参議院議員と各種の選挙に出馬するごとに別人のように元気になり、まるで津島にとっての健康法は選挙であったかのように思えてならない[85]。

多くの関係者が指摘するように、津島文治は大の選挙好きであり、政治家として恐らく血が騒ぐのであろうか、こと選挙の話になると、目の色が輝きを増したという。つまり、文治は〃選挙ほど国民大衆に与える娯楽はない〃と言い切っているほどで、自身も選挙は飯より好きだった。その理由を、津島は選挙の結果しだいによって「県政界地図の色彩も変わる」からだと、吐露している[86]。

津島文治自身は選挙の時には、各地の得票にいちいち目を通すだけでない。前何回分かの選挙得票の新聞切り抜き記事を後世大事に持参して、今回の得票と詳細に比較・検討した。その上で、票の伸び縮みの方向に探りをいれ、悲喜交々の表情を繰り返した[87]。

津島文治は、選挙で鍛え上げた〃プロの政治家〃であっただけに、政治の裏話は得意中の得意で、また選挙予想も極めて正確であった。津島の知事時代に秘書を務めた福島常作は、次のように文治の政治家としての力量を評価している。

「先生は深慮遠謀の人である。いやしくも容易に心中を明かさぬので、全く心のつかみ難い人だと言われた。人であれ、物であれ、常に一定の距離からじっとひややかに見る。そういった人であった。自分の施策に対しても、常に客観的に他人の目で見ることのできる人であった。先生の支持者は多い。それはこれまでの選挙（の勝利）が如実に物語っている[88]」。

最後に、一言付言しておくなら、津島文治が政治家として最大に偉いところは、結局、政治によって財をなすということには無頓着であって、知事時代から金銭に関する公私の区別はことのほかに厳しく、生涯「井戸塀政治家」としての姿勢を貫いた点であろう。

政治にはカネがかかるといわれるが、津島文治の場合、家屋敷、田んぼを売り払ってまでも、政治資金の調達に苦労した。事実、鰺ヶ沢町長を務めた中村清次郎は、「（津島が）選挙の時は、資金を他人に頼らず、現在では文化財に指定されているような、金木の旧家を手放して自力で闘いました」と述べている[89]。

ただ、津島文治の娘婿で衆議院議員を務めた田澤吉郎（農林大臣・防衛庁長官・国土庁長官を歴任）は、義父の津島時代を振り返って、次のように指摘する。「国会議員として津島県政を支えたのは、２区の三和精一、１区では山崎岩男だった」。津島文治自身は清廉潔白であったが、特に三和は「知性派」文治の陣営にあって選挙資金集めや議会工作にあたり、汚れ役を演じたのである[90]。

〈注〉

(1)「本県の初代民選知事　津島文治」『青森20世紀の群像』（東奥日報社、２０００年）２０４頁。

(2) 工藤睦男「津島文治」『青森県百科事典』〔東奥日報社、1981年〕603頁。

(3) 小坂甚義「闘志・情熱・勇気」『清廉一徹』〔筑摩書房、1974年〕87～89頁。津島文治は、知事に就任した時の横顔紹介で、次のように紹介されている。「時に50歳（満49歳）、知性の人といわれるが、健康にすぐれず、迫力に乏しいのが玉にキズ」（『東奥日報』1947年4月7日）。実際、文治は体が弱く、知事時代や衆参議員時代に、風邪や病気でしばしば公務を欠席している。

(4) 米内山義一郎「胸を借りた恩義」前掲書『清廉一徹』68頁。

(5) 『青森県議会史　自昭和28年～至昭和34年』〔青森県議会、1960年〕40頁。

(6) 相馬正一『太宰治の原点』〔審美社、2009年〕19～20頁。文章は現代文に直してある。（　）内は引用者、以下同様。津島家の家系図については、太宰研究の第一人者である相馬の同書10頁以下に詳しい。

(7) 秋山耿太郎・福島義雄『津島家の人びと』〔筑摩書房、2000年〕18頁以下参照。『日本の近代　猪瀬直樹著作集4　ピカレスク』〔小学館、2002年〕34～35頁。

(8) 相馬正一、前掲書『太宰治の原点』11頁。筆者の高校時代の国語教師・相馬はあとがきで、「戦時下の太宰は……外なる政友会（言論・思想・結社を弾圧するファシズム体制）と内なる政友会（家長の監視・干渉）の板挟みに遭いながらも、最後まで反俗を貫いて生きた」と論じる。だが、後半の説明はやや納得できかねる。何故なら、太宰は一体誰の庇護の下で、多額の金銭を送られて小説を書くことができ、また多くの不始末を処理してくれたのか。そうした視点が欠落しているからだ。

(9) 猪瀬直樹、前掲書『ピカレスク』33頁。鎌田慧は「津島家は源右衛門の先代惣助の代から政治好きだった」、点を指摘している（鎌田慧『津軽・斜陽の家―太宰治を生んだ地主貴族の光芒』〔講談社、2003年〕46頁）。父源右衛門は、東大久保に家を買い、家政婦のばあやをつけて子供達を仕込んでいた。文治も早稲田の大学生の時、この家から大学に通っている（中畑慶吉「評論家を志した一時期も」前掲書『清廉一徹』219頁。秋山・福島、前掲書『津島家の人びと』85～86頁）。

(10) 木下県「津島源右衛門」『青森県人名事典』〔東奥日報社、2002年〕438頁。

(11) 鎌田、前掲書『津軽・斜陽の家』、172頁。文治の長男・康一は、政治はやらないといって、演劇家となった。劇団俳優座養成所の康一の同期に、仲代達矢や宇津井健らがいる。

(12) 鎌田、同上『津軽・斜陽の家』31頁。文治は、学生時代の時23歳で結婚。相手は、旧黒石藩の士族で名門岡崎家の娘れい17歳で、夫婦は一男〔康一〕、二女〔陽、滋〕をもうけた。

(13) 大正13年、津島文治は水田地主ベストテン6位にあり、職業は「金貸し」で、所有水田は219町歩、小作人は290名、と記されている（『青森県農地改革史』〔不二出版、1990年〕174頁）。

(14) 秋山・福島、前掲書『津島家の人びと』97頁。

(15) 工藤愛助「金木町長時代の先生」前掲書『清廉一徹』171～172頁。

(16) 同上、175頁。

(17) 同上、174頁。「新任の文治町長は大地主の若旦那とは思えないほど腰が低く、気さくにだれでも話しかけた。若い書記の入営壮行会に自ら腕をふるってカレーライスをつくるぐらいだから、親しみやすい町長だったようだ」（秋山・福島、前掲書『津島家の人びと』98頁）。

(18) 同上、100頁。

(19) 同上、100～101頁。

(20) 同上、102頁。青森県第1区選出の衆議院議員で社会党左派の淡谷悠蔵の回顧談によれば、最年少の津島県議は本会議での質問演説のなかで、マルクス、エンゲルスの例を引き出し、一躍インテリ青年議員として有名になった（秋元良治『知事交渉15年―対決の旋律』〔北の街社、1987年〕129頁）。

(21) 同上。この点に関して、東奥日報の尾崎竹四郎・記者は、次のように記している。ここには、「神―天皇―地主という系列」が見られ、津島の政治家としてのスタートは、地主としての毛並のよさから発している。「大地主津島文治が県会に乗り出したのは〝知識〟を媒介として、時代感覚にゆり動かせられたものだ」（小野久三・尾崎竹四郎『青森県政治史（3）大正・昭和初期編～民衆の登場と戦争の影～』〔東奥日報社、1980年〕412頁）。

(22) 秋山・福島、前掲書『津島家の人びと』123～124頁。

(23) 同上、132頁。

(24) 高橋興「津島代議士当選辞退」前掲書『青森県百科事典』602頁。鎌田、前掲書『津軽・斜陽の家』280頁。

(25) 福士重太郎「父子2代・栄光の歩み」前掲書『清廉一徹』33頁。鎌田、前掲書『津軽・斜陽の家』283～284頁。

(26) 同上。

(27) 秋元、前掲書『知事交渉15年―対決の旋律』105頁。

(28) 秋山・福島、前掲書『津島家の人びと』１３６～１３７頁。
(29) 同上、１４６頁。
(30) 傍島正守「人間性を磨かれた〝雌伏10年〟」前掲書『清廉一徹』２１０頁。なお、この時期、津島は東条内閣を批判し、特高から監視されていた、ともいわれるが、資料で確認できない。
(31) 秋山・福島、前掲書『津島家の人びと』１５７頁。
(32) 藤本一美「戦後青森県政治史序説①（１９４５年～１９４８年）」『専修法学論集』第１２０号〔２０１４年３月〕２８２頁（後に、藤本一美『現代青森県の政治（上）１９４５～１９６９年』〔志學社、２０１５年〕に収録）。
(33) 同上、２８７頁。
(34) 秋山・福島、前掲書『津島家の人びと』１６２頁。この時、津島は「馬喰と赤マムシに勝ったじゃ」、といって喜んだ逸話はよく知られている。馬喰とは、小笠原を指し、赤マムシとは大沢を指している。小笠原八十美と大沢久明については、藤本一美『戦後青森県の保守・革新・中道勢力―青森県選出の国会議員』〔志學社、２０１７年〕を参照。
(35) 木村良一『青森県知事選挙』〔北方新社、１９９８年〕15頁。
(36) 『東奥日報』１９４７年４月７日。
(37) 「本県初の民選知事　津島文治」前掲書『青森20世紀の群像』２０４頁。
(38) 秋山・福島、前掲書『津島家の人びと』１７０頁。
(39) 『東奥年鑑　昭和26年版』〔東奥日報社、１９５６年〕64頁。
(40) 同上、64～65頁。リンゴ税（リンゴ取引税）については、藤本一美『戦後青森県の政治的争点　１９４５年～２０１５年』〔志學社、２０１８年〕第１部第６章を参照。
(41) 藤本一美「戦後青森県政治史序説②（１９４９年～１９５２年）」『専修法学論集』第１２１号〔２０１４年７月〕１８０頁（後に、藤本一美『現代青森県の政治（上）１９４５～１９６９年』〔志學社、２０１５年〕に収録）。
(42) 木村、前掲書『青森県知事選挙』23頁。
(43) 同上、24頁。
(44) 前掲書『青森県議会史　自昭和28年～至昭和34年』34頁。
(45) 『東奥日報』１９５１年２月28日。

(46)　前掲書『東奥年鑑　昭和26年版』69頁。
(47)　『陸奥新報』1951年3月3日。津島が知事時代に最も難儀したのが財政難と並んで労働攻勢であった。津島は労組との交渉で出来ないことを約束したり、その場の気色で事を運ぶことは決してなかった。ただ、約束したことは必ず実行した。
(48)　『青森県議会史　自昭和21年〜至昭和27年』〔「青森県議会、1959年〕471頁。
(49)　同上。
(50)　前掲書『青森県議会史　自昭和28年〜至昭和34年』199頁。ちなみに、1954年の段階で、県公務員は、県庁職員が4000人、教職員が1万1000人、および警察関係職員が1500人の合計1万6500人、12月支給の給与総額は3億5000万円で、これに年末手当支給総額を加えると、ばく大な金額に上る。なお、この時の教職員の初任給は5900円で、知事の俸給は5万円であった（秋元、前掲書『知事交渉15年―対決の旋律』57頁）。
(51)　鎌田、前掲書『津軽・斜陽の家』50頁。
(52)　秋元、前掲書『知事交渉15年―対決の旋律』68〜69頁。
(53)　前掲書『青森県議会史　自昭和28年〜至昭和34年』36頁。
(54)　同上。
(55)　『東奥日報』1954年11月7日（夕）。
(56)　『陸奥新報』1954年11月7日。
(57)　木村、前掲書『青森県知事選挙』29〜30頁。
(58)　『東奥年鑑　昭和31年版』〔東奥日報社、1956年〕40頁。
(59)　前掲書『青森県議会史　自昭和28年〜至昭和34年』353頁。
(60)　木村、前掲書『青森県知事選挙』31〜32頁。
(61)　『陸奥新報』1956年5月30日。
(62)　前掲書『青森県議会史　自昭和28年〜至昭和34年』40頁。当時、財政赤字に苦しむ東北6県の中で、青森県を除いた他の5県は「地方財政再建促進特別措置法」の適用を受けている。
(63)　秋山・福島、前掲書『津島家の人びと』211頁。
(64)　「総選挙を顧みて　本社記者座談会」『東奥日報』1958年5月23日〔夕〕。

(65) 同上。
(66) 秋山・福島、前掲書『津島家の人びと』２１１～２１２頁。
(67) 同上、２１２頁。
(68) 木村良一『検証　戦後青森県衆議院議員選挙』〔北方新社、１９８９年〕１０６頁。（　）内は引用者。
(69) 同上、１１２頁。
(70) 『青森県議会史　自昭和35年～至昭和37年』〔青森県議会、１９７８年〕８頁。
(71) 同上、７頁。
(72) 木村良一、前掲書『検証　戦後青森県衆議院議員選挙』１２１頁。池田首相は、津島の要請を受けて、田澤を応援するためわざわざ弘前市にまで赴いて、応援演説をしている。田澤吉郎については、藤本、前掲書『戦後青森県の保守・革新・中道勢力―青森県選出の国会議員』第一部第4章を参照。
(73) 『東奥年鑑　昭和36年版』〔東奥日報社、１９６１年〕46頁。
(74) 淡谷悠蔵「津島文治と太宰治」前掲書『清廉一徹』２０５頁。
(75) 岩田正「津島ペースで人気・外務次官」前掲書『清廉一徹』２５２頁。
(76) 同上、２５５頁。
(77) 『東奥日報』１９６３年11月22日。秋山・福島、前掲書『津島家の人びと』２１３～２１４頁。
(78) 『東奥日報』１９６３年11月23日。
(79) 秋山、前掲書『知事交渉15年―対決の旋律』１３０頁。
(80) 藤本、前掲書『現代青森県の政治（上）１９４５～１９６９年』１８８頁。
(81) 木村良一『青森県参議院議員選挙』〔北方新社、１９９８年〕34頁。
(82) 藤田正明「真摯の政治家」前掲書『清廉一徹』64～66頁。
(83) 鎌田、前掲書『津軽・斜陽の家』15～16頁。なお、津島文治（家）の宗派は「浄土真宗」で、門徒代表などを務めており、信心深い一面を伺うことができる（東義寿「生涯のお幸せ」同上『清廉一徹』２６３頁）。
(84) 『東奥日報』１９７３年5月8日。
(85) 松岡孝一『一地方記者の記録―東奥日報とともに半世紀』〔東奥日報社、２０００年〕67頁。松岡孝一「初代民選知事誕生の日」前掲書『清廉一徹』１３３頁。

(86) 福島常作『文治先生行状記』〔北の街社、1978年〕83頁。同書は、県知事時代の津島の人となりが描かれていて興味深い。津軽地方の選挙は一種のお祭り的色彩が濃厚である。選挙の時は飲めや歌いの騒ぎで迎え、有権者は仕事をそっちのけで、選挙運動に没頭する者も少なくない。もちろん、その場合、金銭も飛び交う。先般(2014年1月)、平川市の市長選で、市議20名中15名が収賄容疑で逮捕された事件は、津軽の〝金権選挙〟の一端を示している。

(87) 同上、88頁。東奥日報の松岡孝一・記者は、次のように語る。「津島は選挙ほど好きなものはない、碁や将棋のような死んだものを動かすよりは、生きた人間を動かす、これは最高のゲームだ」(松岡孝一、前掲書『一地方記者の記録—東奥日報とともに半世紀』67頁)。また「津島はなかなかアドバルーンの上げ方がうまくて、一体何を意図しているのか、ということをつかむに非常に難しい人だった」と述懐している(同上、68頁)。

(88) 福島、前掲書『文治先生行状記』124~125頁。

(89) 中村清次郎「名利にこだわらず」前掲書『清廉一徹』109頁。津島は、次のように糾弾している。「尾崎咢堂が東京市長を辞めたとき、借金が拾五万円残ったそうだ。見上げたものだ。政治家は斯くあらねばならない。政治をやって財を成すなどとは下の下だ」(傍島正守「人間性を磨かれた〝雌伏10年〟」前掲書『清廉一徹』209頁)。津島の批判はまさしく正論である。

(90) 朝日新聞青森支局編『風雪の人脈　第1部　政界編』〔青森県コロニー協会出版部、1983年〕32頁。

第二章　選挙運動

金木の斜陽館

現在の金木駅

芦野公園　桜のトンネル

1、はじめに

津島文治が生まれ育った青森県北津軽郡の金木町（現・五所川原市）は、〝津軽選挙〟と揶揄される不正な手段で権力の座を手に入れようとした町長選で全国的に知られている。ここでいう津軽選挙とは、既存の法律体系や選挙制度を全く無視した無法なやり方で勝利を手にしようとするもので、その過程において、当然酒やカネも飛び交うのである。[(1)]

津島文治は、そのような政治的環境を形成した1人であるともいわれている。だから、識者によっては、津島が出馬した初期の選挙こそ、青森県の〝金権選挙〟の走りであって、津島は津軽選挙の「原型（プロトタイプ）」にほかならない、と断言する向きもある。[(2)]

津島文治は生涯、実に多くの選挙に出馬して、勝利を手にしてきた。選挙には、都合13回出馬している。すなわち、町長選1回、県議選2回、知事選3回、衆議院総選挙5回、および参議院通常選挙2回を戦い抜き、落選したのは、衆議院選の1回のみで、その他の選挙では、12回も勝利を収めている。勝率は92・3％を誇り、選挙上手で「選挙のプロ」を自任、「選挙が飯より好きだ」と吐露している。[(3)]

津島文治が初めて選挙で勝利したのは、1925年10月10日の金木町長選に出馬した時で、弱冠27歳であった。ただ、この時は、有権者が直接町長を選んだのではなく、町議会で議員の推薦で選出された。まず、町民が町議会議員を選び、その議員が町長を選出するという、いわば「間接選挙」であった。[4] 町議会議員の過半数を制すれば、町長に当選できたわけである。金木町の大地主の倅で、カネに不自由しておらず、しかも小作人を290戸も抱えていた津島文治にとって、選挙運動は必要ではなかった。というのも、小作人を含めた身内でもって支持者を固め、父源右衛門以来の側近たちが全てを手配してくれたからである。[5]

その後、津島文治は1927年9月25日の県議選に政友会公認で出馬して3411票を獲得、北津軽郡区では、最高得点で当選した。時に津島は数え年で30歳。次の1931年の県議選には出馬しなかったものの、1935年9月25日に行われた県議選では再び出馬、3371票を得てまたもや最高得点で再選されている。[6]

津島は2年後の1937年4月30日、今度は衆議院総選挙に青森第2区から政友会公認で出馬、1万1083票を獲得し、第2位で当選した。だが、この時には、津島派の大がかりな買収＝「三武小便事件」が発覚、その責任をとって、9日間で衆議院議員を辞任している。[7]

1946年4月10日、戦後初めての衆議院総選挙が実施される。選挙制度は変わり、全県1区、定数7で連記制であった。津島文治は進歩党の公認を得て、出馬して3万2768票を獲得、第6位に滑り込んだ。津島は満で48歳になっていた。だが津島は翌年、衆議院議員の座を捨てて、1947年4月5日に行われた「民選」知事選に民主党公認で挑戦し、17万7818票を獲得して次点の小笠原八十美に

2万4682票の差をつけ、知事の座を手にした。津島満49歳の時である。留意すべきは、この知事選こそが青森県における〝金権選挙〟の端緒であって、多くのカネが動いたといわれているのである。(8)

津島文治は1950年11月10日の知事選で再選、次いで、1954年11月5日の知事選で3選された。だが、2年後の1956年6月2日、知事職を辞退する。そこで、津島は衆議院議員への鞍替えを図り、1958年5月22日の衆議院総選挙では無所属で、青森第1区から出馬、4万2648票を得て最下位の4位で当選を果たし、次の1960年11月20日の衆議院総選挙でも、自民党公認で出馬して再選された。しかし、1963年11月21日の衆議院総選挙では、4万8910票を獲得したものの、社会党の淡谷悠蔵に2319票の僅差で敗退、初めて落選の恥辱を味わった。

津島文治は再び鞍替えをする。今度は1965年7月4日の参議院通常選挙に、自民党公認で青森地方区から出馬して、当選。津島は67歳に達していた。1971年6月27日の参議院通常選挙でも再選されたが、しかし1973年5月6日、参議院議員としての任期途中で死去した。享年75、こうして政治家・津島文治の人生も、終わりを告げた。

第二章では、津島文治が約40年にわたり戦ってきた各種の選挙運動を取り上げる。津島はいかにして選挙戦を制したのか、また、実際に選挙資金がばらまかれたのか。それが、本章の課題である。論述は、県議会選、知事選、衆議院総選挙、および参議院通常選挙の順で分析していく。ただ、津島は戦前にすでに、衆議院総選挙に出馬しているし、また戦後も知事になる前に衆議院議員に当選しているので、その箇所のみは、年代順に論じる。

2、県議会議員選挙と衆議院総選挙

⑴ 1927年9月の県議選挙

津島文治の曽祖父・惣助は北津軽郡会議員を務めたし、また父の源右衛門も、県議会議員、衆議院議員、および貴族院議員を経験したことからも明らかなように、津島家は代々「政治家一家」であった。津軽地方を代表する大地主の源右衛門は県議会議員と衆議院議員に当選していた。だから、文治にとって、選挙に出馬するに当たり、最初から選挙基盤が用意されていたようなもので、知名度、選挙基盤、および選挙資金は完全に調っていたことになる。

すでに述べたように、津島文治は、1927年9月25日の県議会議員選挙に政友会公認で北津軽郡から出馬、3441票を獲得してトップ当選した。投票総数は1万3991票で津島はその24%を占めた。また出生地の金木町では、986票中737票＝74・5%を手にし、文字通り北津軽地方において圧勝であった。[9]

津島文治は出馬に際して、「皆さんがやれというなら出てみましょう」と、平然と落ち着きはらって述べた。県議選への出馬は、町長選の時と同様に、父源右衛門以来の取り巻きたちが、担ぎだした。この時の県議選は〝普通選挙〟による初めての選挙で、そのため有権者が2倍に膨れ上がった。だが、津島家の小作人290戸をしっかりと固めておけば、有力な基礎票となり、それに地主、銀行役員として津島家の〝カネ〟の力がものをいった。

実際、この選挙で、津島派は「村の反対派にカネを配って津島のために点数（票）をとった」し、また「選挙で配って歩く50銭貨が大量に必要になった。……青森の銀行でかき集め、かますに詰めて、暮夜ひそかに金木に運ばせた」、という。[10] 津島派が展開した選挙運動は、まさに〝金権選挙〟そのものであった。

選挙戦では、「津島氏は依然として優勢を持続し24日は五所川原へ乗り込んで政見発表をなす」との新聞報道が見られ、多くの資金をばらまいて選挙運動を展開し、優位な傾向がそのまま選挙結果に反映された。[11] 県議に当選した津島は、次のように語っている。

「選挙の世界に経験の浅い自分が最高点で当選するを得たというのは全く後援諸氏の熱烈な努力に依るものである。又五所川原農学校同窓有志の後援もあって力があり、第三者から見て予想以上に私への支持があった処は此の同窓有志の力の現れである。先輩の指導によって大いに努力し有権者諸氏の期待に背かぬ決心である」[12]。

この選挙では、文治自身が述べているように、母校の五所川原農学校は学校ぐるみで、津島を応援したし、また菊池幸次郎校長が一生懸命動き、卒業生の名簿をもとに推薦状をだした。だから、選挙運動の〝カネ〟はそれほどいらなかった。地元紙『東奥日報』には、五所川原農学校の同窓生代表者である、佐々木辰之介の推薦広告が掲載されている。いわく、「普選冒頭の改選に当たり我が同窓の紳士『津島文治氏』を県政議場に送るを誇りとして極力その当選を期す[13]」。

その『東奥日報』は、「北郡の戦跡を顧みて」と題して、津島派の選挙戦を次のように振り返っている。

「津島氏は郡南方面では第三者が予想したよりも入票が多くこれは農学校同窓有志の支援の結果らしく、小阿羅、梅沢はこの例である。板柳も好成績、この60点は平山為之が助極力を挙げて入ったもので、嘉瀬で予想より落ちているのは、長尾、成田同志の食い込んだ結果だ。金木は居所だけに大部分を占めたが、喜良市、武田、中里、内灘等は主要地盤であったけれども予想より少し落ちた[14]」。

「津島は地主出身であるが、その勢力と古くからの名声を基盤とする若さで売り出し、新しい政治感覚で裏打ちされているようにみえた。佐々木（嘉太郎）はじめ大地主と細農との協調のうえに乗って」県議会議員に当選を果たしたのである[15]。こうして、津島文治は県政史上、最年少の数え年30歳（満29歳）で県議の座を手に入れたのである。

⑵ 1935年9月の県議選挙

津島文治は1931年9月の県議選では、政友会幹部の意向に対してへそを曲げ、出馬しなかった。その背後には、弟修治（太宰治）の「鎌倉心中事件」への批判に対する配慮があった。しかし4年後、1935年9月の県議選では、政友会公認で北津軽郡から出馬し、再選されている。獲得した票の総数は

３３７１票、今回も最高得点での当選で、前回の県議選と同様に金木町を中心とする北津軽地方が、大きな集票基盤となった[16]。

２期目の当選を手にした津島文治は、〝粛正選挙〟による新しい方針を考慮にいれたとして、次のように当選の喜びを語っている。

「最初から最後まで言論戦で通し、広く地方民に接して戦いに臨み得たことはやっぱり粛正選挙のおかげであると思いました。時代の進展して居たことはこの選挙が如実に物語っております。外崎千代吉君が言論をもって最後まで戦い当選し得たことはやっぱり民衆との親しみからではないのかと思えます。今後は今の様な心持ちで進んでいく決心です[17]」。

津島は当時流行りの粛正選挙を訴えた一方で、他方では津島派による買収事件が金木町周辺で暴露され、事件は拡大しつつあるとの報道が見られる。実際、『東奥日報』は次のように、津島派の選挙違反（＝買収）の行方を報道している。

「県会議員選挙違反者摘発に大活動していた金木署では数日前から津島文治氏派の買収事件を探知し電話で県刑事課と打ち合わせて慎重なる内偵を進めていたが、９日に至り動かすべかざる手掛かりを得たので10日早朝津島派選挙委員、金木町旅人宿中村勇次郎氏（49歳）を買収の容疑で自宅から金木署に引置秘密に取り調べを開始したが事件は相当拡大性を帯びているため刑事課では10日朝弘前署から刑事を金木署に出張せしめた[18]」。

県議選の段階においても、すでに津島派によるかなり大がかりな買収で選挙違反者が拡大したことを伝えており、いわゆる「金権選挙」がまかり通っていたわけである。

⑶ 1937年4月の衆議院総選挙

津島文治は県議に再選されてから2年後の1937年4月30日、今度は衆議院総選挙に政友会の公認で、青森第2区からうって出た。選挙の結果、津島は1万1083票を獲得、第2位で当選、満でいえば39歳の時である。衆議院議員に当選した文治は、記者たちに次のように語っている。

「兎にかく開票の結果を見る時に我が北郡の圧倒的な同情点には何といっても感激に堪えない。私の想像点よりも実に1千点も多くとったと云うことは、結果から見て地元有権者の同情に他ならないと確信して感激せざるを得ない。又多方面に於いては南郡の如く演説会を開かなかったにも拘わらず、郡下の各町村からの得点のあったことも見逃すことはできないことで将来を思う時に於いて余の心を強くするものである。私自身の考えでは、新米候補には不利な立場に置かれたのだが、当選したのは全て各位の御同情の賜である。此の上は粉骨粉砕県民の為に努力する積もりである[19]」。

津島にとって、今回の総選挙でも北津軽郡の金木町周辺が主要地盤であったことが理解できる。金木町では、総投票数1046票中898票を獲得、85・85%を占めた[20]。

図表1は、津島候補が北津軽郡で獲得した地域別投票数を示したものだ。主要地盤である金木（898

図表〈1〉北津軽郡における津島文治の地域別投票数

地区	総数	得票数	割合(%)
栄	432	237	54.86
五所川原	1,546	469	30.33
喜良市	441	274	62.13
松尾	612	300	49.01
三好	451	256	56.76
梅沢	619	388	62.68
飯詰	463	227	49.02
七和	608	357	58.71
長澤	513	385	75.04
嘉瀬	789	547	69.32
沿川	499	416	83.36
金木	1,046	898	85.85
中川	485	239	49.27
板柳	1,141	221	19.36
六郷	534	236	44.19
武田	738	481	65.17
鶴田	1,056	347	32.85
中里	737	425	57.66
小阿彌	628	247	39.33
内潟	692	261	37.71
脇元	172	104	60.46
相内	247	170	68.82
小泊	355	211	59.43
（北郡計）	14,822	7,698	51.93
第二区合計	65,525	11,181	17.06

出典：『東奥日報』1937年５月２日、割合は引用者計算。

票）の他に、近接する嘉瀬（５４７票＝69・32％）、武田（４８１票＝65・17％）、長澤（３８５票＝75・04％）、および沿川（４１６票＝83・36％）などで、大きな票を稼いでいる。北津軽郡では、総数１万４８２２票中７６９８＝51・93％を獲得した。金木周辺には、津島家の小作人たちが多数散在していた。

津島文治が衆議院総選挙へ出馬するに際し、津島派は文治の曽祖父惣助の出身である嘉瀬の山中家に、（選挙）運動員たちを泊めて飲み食いをさせ、字の書けない人たちを集めて、津島文治の名前を書かせる練習をした、という。[21] 総選挙で勝利したとはいえ、文治は5月４日、選挙違反の容疑で五所川原署に引致され、監房に入れられるはめになる。

選挙違反摘発のきっかけは、有名な

「三武小便事件」で、多額の選挙資金の実態が明るみにされた。捜査が進むにつれて津島派の町村長だけでなく、津島家からも弟の英治をはじめ、帳場の市三郎、および選挙事務長の傍島正守らが引致された。取り調べを受けた文治は、5月8日、衆議院議員当選不承諾届と県議辞任届を提出し、衆議院議員の身分を捨てた。国政への夢を絶たれた文治は、罰金2000円、10年間公民権を停止され、雌伏の時代に入った。[22]だが、幸運なことに、この時期に全ての公職から退いていたため、文治は戦後、「公職追放」の対象となることを免れている。

津島文治は、衆議院議員を辞退した心境を、次のように語っている。

1　粛正選挙運動がさかんに行われている真っ際中に於いて、しかも自分もまたその委員の1人でありながら、自分自身その粛選を裏切る様なことを引き起こしたことは全く申し訳ない。これだけでも当然辞退すべきである。

2　若し犯罪事実の有無は第2として大審院まで頑張ってその間1ヶ年位代議士ということで議事堂に出ても、とても国政のために努力することは出来ない。幾多の自分の有力な同志を傷つけて、どうして安泰にやってゆくことができるのか。傷ついた同志の身の上を思へば、とても代議士等をやってゆけるものでない。

3　自分はまだ若い。これからだ。私は此処でもう10年間自重して出直したいと思う。これは私の信念である。何も今度の様にひっかかったから駄目だというのではない。これは前からの私の信念だ。[23]

政治家としては実に立派な心掛けである。いわゆる〝粛正選挙〟を推進する立場にあった津島にとって、大掛かりな金銭に絡むような選挙違反は耐えられなかったのであろう。この時期の津島には、一面で「リベラリスト」として清廉潔白な政治姿勢が見てとれる。なお、ここでいう粛正選挙とは、１９２０年代から１９３０年代にかけて、普通選挙法制定後に「公正明大な選挙の実施を目指して行われた選挙浄化運動」のことを指している。

(4)１９４６年４月の衆議院総選挙

第２次世界大戦が終了した翌年の１９４６年４月10日、衆議院総選挙が実施された。この時は選挙法が改正され、１県１区定数７で連記制となった。津島文治は保守的な「日本進歩党」に入党し、その支部長となっていた。文治はそれをバックに総選挙に出馬、３万２７６８票を獲得して、第６位で滑り込み、父の源右衛門に続いて、衆議院議員の座を手にした。文治48歳の時である。[24]

衆院総選挙で、津島は３万２７６８票という大量の票を獲得している。内訳は金木町を含んだ大票田である北津軽郡で１万４７９６票をかき集め全体の45・15％を、また西津軽郡では６６７８票を集め、全体の20・37％を占めている。主要基盤の北津軽郡および西津軽郡の両方で、２万１４７４票＝65・53％に達した。それは、文字

図表〈2〉1946年総選挙での津島の地域別得票数

地域	得票数	割合
青森市	420	1.28%
弘前市	2,348	7.16%
八戸市	1,738	5.3%
東　郡	701	2.1%
西　郡	**6,678**	**20.37%**
中　郡	2,593	7.9%
南　郡	4,727	14.4%
北　郡	**14,796**	**45.15%**
上北郡	51	1.55%
下北郡	144	4.39%
三戸郡	41	1.25%
（合計）	32,768	100%

出典：木村良一『検証　戦後青森県衆議院議員選挙』〔北方新社、1989年〕28頁、割合は引用者計算。

通り〃津軽地方〃を代表する集票であった。図表2は、津島の地域別獲得票数を示したものである。

戦前の1937年に続いて9年後、戦後の1946年の春4月、再び衆議院議員に当選した津島は48歳、記者会見で次のように喜び、新進気鋭の政治家として意気込みを語っている。

「9ヶ年も浪人して集票だけは一人まえといっているが、さて実際の選挙結果を見ると、随分と見込違いや手落ちが出てくる。新聞では、相当景気のよいように書いていたが、私自身としてはどうも不安や危機感があった。やはりこのような苦戦の知らせであったのであろう。だがこうしてやっと6位で当選してみると却って楽々と高位で当選するよりも、しみじみ有り難い観念というか何かしら元気も沸いてくるように感じられる」と最初に概説。

その上で、「また今度当選された方々は兼ねてからよく知っておる人ばかりであるし、また県から苫米地（義三）さんと山崎（岩男）さんとが出られたことは真に嬉しいことと思っている。これからは県のために党派の別なく手を握り合って進みたいものと思う。また国の仕事としてはまず第1に勉強したいのは現下の食糧問題である。食糧が解決しないうちはすべての生産も立ち上がりはしないし、また思想道徳の混乱はないからである」、と結んだ。[25]

戦前の衆議院総選挙での議員辞退以来、苦節9年、衆議院議員として国会の赤じゅうたんを踏むことになる文治の高揚ぶりが伝わってくる。

『東奥日報』は衆議院総選挙の結果について、次のように伝えている。

「衆議院・総選挙の結果、本県では笹森、小笠原、夏堀、山崎、大沢、津島、および苫米地が当選者に決定した。進歩党3人、自由党2人と保守陣営が定員7のうち5人を独占、旧来の地盤関係が牢固として抜くべからざる現実を物語っているからであり、中立笹森、社会党大沢の諸氏が善戦してこれに割り込んだ形である。今回の選挙は明らかに候補者乱立の痛みがあった。……中立候補者38名、10党に上ったことなども、こうした立候補者事情を示すものである[26]」。

この時の衆院総選挙で、津島派が選挙資金をばらまいたといった報道は見当たらない。敗戦直後で紙面が少なかったこともあるが、津島派にとっては、戦前の選挙違反事件が頭を横切っていたのかも知れない。津島文治は、用意周到な選挙運動を展開して勝利したのである。

3、知事選挙

⑴１９４７年４月の知事選挙

青森県における戦後民主政治の第一歩として注目された「民選」による知事選挙は、１９４７年４月５日に行われた。知事選挙には、津島文治を含めて４人が立候補、結果は、民主党県支部長の津島が栄冠を手にした。[27]

津島文治は17万７８１８票を獲得、小笠原八十美は15万３１３６票、大沢は6万２８８４票、そして白瀬は２５３０票で、当選した津島と次点小笠原との差は、２万４６９２票差にすぎず接戦だった。勝敗のカギを握ったのは、東青地方である。この地域で強いといわれた大沢が1万２０００票に留まり、小笠原も1万４０００票、これに対して、津島はおよそ４万票を獲得、それが当選の帰趨を左右した。[28]

図表3は、知事選での郡市別得票数である。青森市、北郡、中郡、南郡、および西郡の、「津軽地方」での大量得票が、津島の勝利を可能にしたことが理解できる。勝因のカギは、大票田である青森市で３万票のうち2万余票の大量点を得たからである。[29]

図表〈3〉知事選挙での郡市別得票数

	津　島　文　治	小笠原八十美
青森市	20,515	3,717
弘前市	12,829	6,293
八戸市	4,480	19,677
東郡	19,862	11,016
西郡	23,788	3,470
中郡	18,552	4,193
南郡	30,086	9,356
北郡	29,203	4,060
上北郡	4,741	41,351
下北郡	5,644	17,268
三戸郡	8,118	32,735
（総計）	177,818	153,136

出典：木村良一『青森県知事選挙』〔北方新社、1989年〕15頁。

「民選」知事に当選した津島は、金木町の自宅において、栄冠の喜びと今後の抱負を次のように語っている。

「今度の選挙は小笠原氏を相手に政治生活の一切をかけた戦いでした。幸い県民多数の御支援を得当選の栄冠を得たことは眞に感謝にたえません。今後は公僕として最善をつくし御期待に報いるように努めます。先ず当面の問題としては何といっても食糧問題でこの解決には最善の努力を傾けたいと思っている」[30]。

だが、政治学者の木村良一によれば、この知事選挙こそ、津島と小笠原との宿命の対決であり、また、県政界に流れる〝津軽〟と〝南部〟との地域的対立意識に油を注ぐ対決でもあったという。津軽を代表する津島は作家太宰治の実兄で、県内きっての素封家出の紳士。一方、南部を代表する小笠原は、南部畜産会のボスで、野人的政治家として立志伝中の人物であり、まさに性格的にも好対照であった。青森県における選挙の「金権的」体質が、この2人によってもたらされたといっても過言でない[31]。

実際、津島は自分の財産である金木の家（斜陽館）を売ってまで選挙資金を用立てた。それに対して、小笠原の方は中央からカネを集めてバラまいた。だから、カネのない候補者たちは言論戦で戦うしかなく、この2人の金権候補者の行動の結果が、有権者の間に、〝たかり意識〟をつくりだしたのである[32]。その意味で、津島文治（派）の展開した選挙運動こそが、悪しき習慣の根源であった。

当時、津島派の選挙参謀であった平野善治郎（後に参議院議員・副知事）は、この辺の事情を次のように述回している。津島文治候補は告示前、青森市の佐々木旅館で、三和（精一）、県議会副議長の櫻田清芽、県議の中野吉太郎、および平野と参謀会議を開き情勢分析をした。しかし、「このままでは負けるという雰囲気であった。（そこで）平野は、三和にこっそりと軍資金数十万円を渡した」[33]。この赤裸々な事実が示しているのは、津島派の選挙運動において、多くのカネが動いたと推測されることである。津島派の〝金権運動〟が、再び頭をもたげてきたのであろうか。

⑵ 1950年11月の知事選挙

1950年9月25日、津島文治知事は、自由党議員総会で任期半年を残して辞意を表明、28日付けで県庁を去った。退陣の直接的な理由は、リンゴ税廃止で県財政が圧迫され、自分の政策が思うように実行できなくなったからである[34]。ただ一方で、津島知事の県政に同情が集まり、津島は再び知事選に挑戦する。

1950年11月10日に実施された知事選に、津島文治は無所属で出馬、社会党の米内山義一郎を26万9570票対10万4211票と、16万5000余票の大差をつけて下した。津島は県民の大きな支持を背景に、再び県政を掌握することとなり、県民所得の増加、鉱産、および工業の振興を掲げ、第2期津島県政を発足させた[35]。

この間の経緯をくわしくたどると、津島知事の辞任決意は開催中の県議会の第9回臨時会で具体化し、9月28日付けで辞表を提出、全会一致で承認された。第1期津島県政の3ヵ年にピリオドが打たれることになった。後任の知事をめぐっては、各党が活発な動きを示した。自由党はあくまで津島の再出馬を促してやまず、10月9日、党議でもって決定、津島も再出馬を承諾した。一方、民主党は、10月15日、佐藤尚武・参議院議長の提案で、参院議長公邸で開催された在京の県政界長老たち、すなわち、佐藤尚武、工藤鉄男、苫米地義三、笹森順造、夏堀源三郎の自由党と民主党との〃五長老会談〃の場で、知事は超党的であるべしとの声明を発表、自由党の津島候補を応援することを決定した。それを受けて、津島は自由党を離れ、中立候補として出馬することになる。ただ、津島のこの時の行動、つまり知事辞任後↓不出馬↓党のためやむなく立候補↓中立と三転した経緯については、一部の県民の間から強い批判を受けた。[36]

この選挙戦は政策らしい政策論争もなく、1ヵ月間にわたる選挙運動が終了、県民からは「戦車と竹やりの戦い」であるとか「米内山ドンキホーテの玉砕戦」と揶揄され、選挙戦は終始盛り上がりを欠いた。津島の勝利が確実視されたこともあってか、選挙資金に関する新聞記事はほとんど見当たらない。ただ当時、津島の側近で選挙戦の「カネ」を担当していた傍島正守は、選挙費用の予算が少なかったので、費用を増やし、各都市で活躍して貰いたいと相談したところ、津島は「全県1区の選挙は〃そんなに金を掛けなくとも〃、予想通り票が得られるものだ」と発言している。[37]

結果は、既述のように津島が米内山に16万票以上の差をつけて圧勝。津島の勝利は、自由党と民主党の保守勢力の1本化が功奏したからである。また、津島が自由党を離党して中立の立場から無所属で立ったことも幸いした。なお、投票率の方は、前回の77・39％から14ポイント減の63・04％という低率に留まった。[38]

知事に再選された津島文治は、記者団に次のような喜びと抱負を語っている。

「米内山君の出身地上北郡が全部開くまでおちつかなかった。1番嬉しく思ったのは矢張り居住である北郡が全面的に私を支持してくれたことだ。

知事としての抱負はこれまで3年半は戦後の非常に物資の足りない時で、いわば台所仕事であった。これからは本来の仕事に力を入れるつもりだ。この手始めとして選挙中に最大公約として掲げた〝県民所得の増大〟というスローガンの実現をやりたい。そのためには、原始産業の振興だけでは物にならないので、鉱工業を盛んにしてこの面の不振をカバーしたいと考えている」[39]。

記者会見での発言には、知事に再選された津島文治の意気込みが感じられる。しかし、津島県政2期目は財政難に遭遇、県政はしだいに縮小に向かわざるを得なくなる。

今回の知事選挙での郡市別投票数は、図表4の通りである。注目すべきは、津島が津軽地方のみならず、南部地方でも大きく票を伸ばしていることである。この段階で、知事退陣後に、津島が第2区から衆議院総選挙に出馬する時の足場は形成されていたといえる。

図表〈4〉知事選での津島の郡市別得票数

青森市	24,427
弘前市	16,252
八戸市	16,287
東郡	29,628
西郡	26,910
中郡	22,232
南郡	35,719
北郡	33,757
上北郡	19,143
下北郡	17,035
三戸郡	28,189
（合計）	269,570

出典：木村良一『青森県知事選挙』〔北方新社、1998年〕24頁。

(3) 1954年11月の知事選挙

1954年11月5日、戦後3回目の知事選が行われた。立候補者は、現知事で無所属（自由党系）の津島文治のほかに、山内亮（改進党系）、米内山義一郎（社会党）、千葉伝蔵[40]（自由党）、および間庭信一（諸派）の5人であった。知事選の結果は、津島が16万1455票を、一方、山内が9万4891票を獲得、津島は山内を約6万6000票離して当選、3度目の栄冠を手にした[41]。

津島は、知事3選阻止の声を完全に振り切って当選を果たした。当初、優勢だといわれた山内と千葉は期待に反して票が伸びず、また、革新系の米内山が9万3201票を獲得、次点の山内（9万4891票）と僅か1690票の差で善戦、革新勢力の基盤が大きく成長していることを示した[42]。だが、津島知事は県政運営で独自の政治的手腕を発揮して、青森県の発展に寄与してきた。それが、津島再選の原動力となった[43]。

この知事選では、かつて政敵であった、小笠原八十美・前衆議院議員が津島を全面的に支援したことが特筆される。これで、長年いわれてきた〃津軽と南部〃との政治的なわだかまりが払拭される一因となったし、また、山崎岩男・衆議院議員が自由党の支部長を辞任してまで応援したことも津島陣営にとって幸いした。なお、投票率は平均すると63・3％であった[44]。

3選を果たした津島知事は、青森市大町の選挙事務所において、万歳の嵐の中で、次のように抱負を語った。

「県民の皆様のご支援を得て当選した以上はいろいろな公約を速やかに実行していきたいと念願している。3期当選したため緊張を欠いたりマンネリズムに陥ることなく緊張して清新な気持ちで創意工夫をこらして県民の皆様のご期待に添えたい。責任の重大さを痛感し、いっそうの努力を傾注する[45]」。

『陸奥新報』は、選挙前の予想で津島知事が不利であると見られていたのに、津島が大量得票を獲得した理由を、次のように分析している。

① 津島3選の阻止のさけびがあまりに強く他候補によって叫ばれた他に（再議問題など）自治庁の見解等が大きく扱われたことが逆にインテリ津島への支持を大きくしたことが挙げられる。

② 津島氏があくまでも〝県民との約束〟を理由に自由党入党を拒否して無所属で出馬したことが浮動していたインテリ層の票を集める結果となった。

③ 津島氏には釈然としないが、それかと言って津島氏以外に信頼出来る人間がいないという人物本位の票が集まったことも大きな原因として挙げ得る。

④ そして以上の諸要素が〝現職〟の強みによって固く裏打ちされていたと見て間違いないだろう。(46)

今回の知事選における特色は、〝津島打倒〟の声にむしろ同情票が集まり、南部でも小笠原の支援で従来の憂いを一蹴、その結果、現職の強みを十分に発揮して当選を果たすことができた点である。確かに、知事選では、保守系が乱立する中で、候補者の調整が困難を極めた。しかし、その一方で、津島の3選により県政上の政争の芽をある程度摘みとることが可能となるだろうとも考えられ、その意味で今後、安定した県政運営が約束された面も少なくなかった。(47)

図表5は、知事選で、津島文治が獲得した票数を郡市別に示したものである。津島にとっては依然として、津軽地方は重要な大票田（＝ドル箱）であったことがわかる。

図表〈5〉知事選での津島文治の郡市別得票数

青森市	15,424
弘前市	10,873
八戸市	3,004
黒石市	5,264
五所川原市	9,542
東津軽郡	11,150
西津軽郡	21,569
中津軽郡	15,984
南津軽郡	20,595
北津軽郡	23,424
上北郡	7,185
下北郡	11,914
三戸郡	5,527
(合計)	161,455

出典：木村良一『青森県知事選挙』〔北方新社、1998年〕29頁。

津島文治は知事選3度目の立候補について、次のように弁明している。「知事第1期は焼け跡整理の混乱期で地均し、第2期は建築材料を集めようと土台だけは形をつけた。本当に苦しむのはこれからですよ。目屋ダムの補償、集約酪農、2級国道問題……」。やり掛けた仕事の跡始末の義務を果たすために、もう1期務めさせてくれというわけである。

なお、この談話の中で津島は「選挙は借金するのと同じことですヨ。現ナマを手に入れてみないうちはなんともいえない点でね。人生最初の金木町長選挙は終始夢中で過ごしたが、2回目からは開票の始まるのが怖くて、おかげでホレこの通り」とおどけて頭をピシャリと叩いてみせている。[48]

津島文治は選挙戦では、他の候補に肉薄されたとはいえ、現役の強みを発揮、〃津軽の殿様〃・津島の優位は動かず、圧倒的な強みを見せた。津島は知事選も3度目を迎えるころには、なにも選挙資金に頼らずとも、当選する余裕ができたのであろう。津島知事は2年後の1956年6月、任期途中で知事職を辞任、衆議院議員に鞍替えをする。

4、衆議院総選挙

⑴１９５８年５月の衆議院総選挙

１９５８年４月25日、衆議院が解散、５月22日に総選挙が行われた。本県からは、第１区で自民党・三浦一雄（５万５３８８票）、自民党・夏堀源三郎（５万３０２１票）、社会党・淡谷悠蔵（４万９４９７票）、および無所属・津島文治（４万２６４８票）が当選した。一方、第２区では、自民党・三和精一（５万７１４６票）、自民党・竹内俊吉（４万８１６３票）、および社会党・島口重次郎（４万５７０３票）が当選、社会党は従来に比べて１人増の２議席となった。この結果は、社会党としてやや満足のいく成果であったものの、自民党は公認候補者３人が落選、県連３役はその責任をとって辞任するはめに陥る。[49]

これをくわしく見ていくと、初めて自民および社会両党の２大政党下での対決となった衆議院総選挙は、１９５８年５月22日に行われ、本県の場合、現役が優先された６人の前議員に対して、元議員４人を加えて、新人５人が挑戦した。その結果、第１区では、楠美省吾と木村文男の現役が落選するという番狂わせが生じた。前知事の津島文治は第１区から無所属で出馬して、かろうじて第４位と最下位で滑り込み当選した。新たな議席配分は、自民党4、社会党2、無所属1で、投票率は77・99%であった。津島は当選後、直ちに自民党に入党している。[50]

総選挙を前に、自民党系の各候補者は公認問題をめぐって争い、とりわけ第2区の選挙基盤を捨てて第1区に転身した元知事の津島文治と県議会副議長の白鳥大八との争いは最後まで決着がつかなかった。結局、自民党は第1区で4人の定員のうち3人しか公認せず、そのため、津島と白鳥の方は無所属で選挙に挑まざるを得なかった。[51]津島は、極めて不利な環境のなかで、総選挙に挑戦したことになる。

それでは、津島文治は衆議院総選挙に出馬するに当たり、何故、本来の強力な地盤であった津軽の第2区でなく、南部の第1区に回ったのであろうか、という疑問が生じる。その理由は、津島の地盤である第2区から友人の三和精一が立候補すること、また将来、娘婿の田澤吉郎（県議会議長）も第2区で出る考えを持っていたからである。ただ、津島は立候補の際、出馬するようで出ないような、どっちつかずの態度を示し、〃人心惑乱〃戦術を展開していると見られ、有権者から批判を受けた。津島の第1区出馬を不快に思ったのは、主に三浦一雄を頂点とする旧民主系の議員たちであった。[52]

津島がどうにかして当選できたのは、総選挙に先立って行われた金木町長選挙（実弟・英治町長の当選取り消し・撤回事件）に災いされて危なかったものの、知事3期を務めた高い知名度、山崎現知事の応援、並びに東青および下北郡での大量得票が挙げられる。これで第2区の津島は第1区の有権者たちにも認知された形となった。[53]この辺の事情を政治学者の木村良一は、次のように分析する。

「津島は、1区からの立候補を知事辞任した早い時期に決めていたとの見方もあった。それは、第4回知事選で、自民党平野善治郎の公認候補を応援しないで、無所属の山崎岩男を支援したことからも読みとれた。1区から出馬すると、三和への義理も立つし、しかも山崎の地盤と故小笠原の地盤に新しく乗っていけるからであった。山崎の地盤の継承と小笠原地盤の開拓、これによって1区の津島地盤が強固なものになる。この読みがいかに的を射るものであったかは、文治亡き後の（弟の娘婿）津島雄二議員の地盤継承で実証されている」[54]。

図表6は、青森第1区で津島の郡市別得票数を示したものである。元知事という高い知名度もあって、津島は青森市で2万3684票、下北郡で7560票を獲得し、総計4万2648票のうち、実に3万1244票＝73・2%を占めている。ことに、青森市では圧勝だった。知事時代の業績の成果（例えば、青森市の県中央病院、新県立図書館建設など）が反映されていたといえる。

選挙戦を振り返り、地元紙の『東奥日報』は津島の選挙運動を、次のように報じていて、興味深い。津島文治と津島派にとって、必死で懸命な戦いであったことが窺われる。

図表〈6〉衆院選での津島文治の郡市別得票数

青森市	23, 648
八戸市	2,091
十和田市	326
東郡	5,570
上北郡	1,594
下北郡	7,560
三戸郡	1,859
（総計）	42,648

出典：木村良一『検証　戦後青森県衆議院選挙』〔北方新社、1989年〕111頁。

T　津島も危なかった。

M　背水の陣だった。

A　〝津軽の殿様〟でいれば問題なかったのに、第1区では知事3期の実績で辛くも面目を保った。

M　ともかく津島は死にもの狂いであった。こんな苦しい選挙はなかったといっていた。

Ｋ　津島はおぼれるものワラをもつかむという傾向があった。大畑町ではメシア教まで手にいれたという話だ。

Ｔ　津島はなんといっても県庁の幹部をにぎっていたことは強みだ。

Ｍ　山崎知事が庁員を使ったといわれるが、これもどうもね。[55]

当選後、津島文治自身は、第１区から出馬した理由と今後の抱負を、次のように語っているが、やや、弁解気味に聞こえる。知事時代には、津軽だけでなく、南部のためにも、十分汗をかいたはずである。

「あえて１区から出馬したのは陸奥湾をはじめ、青森、八戸の商、工、漁港の発展、地元資源の開発、酪農地帯の拡充など２区にくらべて多くの未開発の問題が山積しているので、これらの諸問題と取り組んでみたいと思ったからである。特にテンサイ糖工場の誘致と陸奥湾の科学的解明を基礎に県民所得を増すことに全力を尽くす考えである。[56]」。

しかし、それは表向きの建前で、背後では、津島は第２区から出馬する懐刀の三和精一の立場を重んじ、また娘婿・田澤吉郎の勝利を狙っていたのは疑いない。それは、津島による用意周到な選挙戦術であった。

⑵1960年11月の衆議院総選挙

衆議院は1960年10月24日に解散、11月20日、総選挙が実施された。津島文治は再び青森第1区から、自民党公認で出馬した。今回、前回とは異なり、自民党県連は、現職の三浦一雄、夏堀源三郎、および津島をすんなりと公認候補者に決定した。選挙の結果、津島は5万686票を獲得、第3位で当選した。津島の地盤は元来津軽地方が中心であり、前回はいわば〝落下傘候補〟であった。だが、今回は、元知事の知名度を十分に生かし、また「金木事件」のような不安材料もなかった。確かに、社会党・淡谷悠蔵（5万3629票）のトップ当選と次点・森田重次郎（5万578票）の追い上げ（票差108）があったものの、津島は池田勇人・首相の強力な支援をあおぎ、持ち前の選挙上手で当選できた[57]。

『東奥日報』は社説「激戦の跡を振りかえる」の中で、1960年11月の衆議院総選挙を次のように分析している。

「津島氏は前回2区からの転出もあって苦戦したが、こんどは保守の乱立も回避されたうえに、地元東青の大票田を社会党の淡谷氏と分け合う割合楽な戦いで逃げ込んだ[58]」。

『東奥日報』はまた、第3位でもって衆議院議員に当選した津島の動向について、次のように報道しているので、紹介しておく。その記事を拝見すると、娘ムコ田澤吉郎の当選を聞いて、ホッとした津島の喜ぶ様子が伝わってくる。

「刻々はいる情報に津島さんは少しも落ち着かない。……〝選挙の神様〟といわれる津島さんだけに票読みもいたって慎重。……午後10時すぎ〝当選確実〟の歓声が事務所につめかけた家子郎党の間からどっと上がったテレビの速報が2区で（娘ムコ）田澤吉郎候補の当確を伝える。『オヤジよりもムコの方が強かったな』、とやっとゆとりを取り戻したような口調で津島さんは苦笑した[59]」。

前回の総選挙では、津島は実弟の英治が関与した「金木町長選挙不正事件[60]」というマイナス要因があった。しかし今回は、不利な状況ではなかった。また、前回は東青地区を地盤とする、元県議会副議長の白鳥大八という強敵が君臨していた。しかし、今回は地元からの保守対抗馬が出馬しなかったのが幸いした。さらに、池田派の直系として時の〝風〟に乗っての戦いであり、津島は楽勝だと見られていた[61]。

確かに選挙戦で、津島は森田重次郎と淡谷悠蔵に激しく追われたものの、得票は前回を上回り、3位に滑り込んだ。注意すべきは、津島、森田、夏堀源三郎の3人は、誰が当選し落選してもおかしくなかったことだ。何故なら、図表7からも明らかなように、津島と森田の票差が１１０票、森田と夏堀の票差が１３５１票という具合に、上の3名は１５００票の間に並んでいた、からである。津島にとってはかなり際どい勝利であった[62]。

『東奥日報』は今回の総選挙について「闘いのあとをふり返る―本社記者の座談会」のなかで、次のように分析している。

図表〈7〉1960年の青森第一区衆議院総選挙結果

淡谷　悠蔵（63歳）・社会党・元	53,629（当選）
三浦　一雄（65歳）・自民党・前	52,880（当選）
津島　文治（62歳）・自民党・前	**50, 686（当選）**
森田重次郎（60歳）・自民党・元	50,576（当選）
夏堀源三郎（73歳）・自民党・前	49,225（次点）

出典：『東奥日報』1960年11月21日。

A　津島の銅メダルはどうだろう。うまくすべり込んだが、次点との差はわずか1500（票）だ。選挙上手がすべてを制したことにならないか。

B　こんどは前回にくらべて池田直系という点で有利だったが、前回みたいに金木事件とか、2区からの移入候補だとかいうマイナス面がなかった。

D　それに早くから手まめに打つべく手を打っていた。

C　各開票所とも万遍なく得票が伸びている。東青では白鳥と三星の票を森田と2人でごっそり分け合ったのがよかった。(63)

総選挙の序盤予測でも、「津島は横山青森市長を頂点とする自民党東青支部をバックに、白鳥の不出馬、池田直系を売り込んで条件が好転しており、前回より有利な戦いを進めているが、白鳥の票はあまり大きく期待できまい」と報道され、中盤の予測でも「白鳥が出ず有利」との見出しがふられ、結局、津島は第3位で当選を果たした。(64)

(3) 1963年11月の衆議院総選挙

1963年11月21日、衆議院総選挙が行われた。青森第1区では、自民党・森田重次郎（7万8955票）、自民党・熊谷義雄（6万8999票）、社会党・米内山義一郎（6万3383票）、社会党・淡谷悠蔵（5万1239票）が当選した。しかし、これまで常勝を誇ってきた津島文治（4万8910票）は次点に終わり、初めて落選の涙をのんだ。(65)

この衆院選の特色は、全ての選挙で常勝してきた津島が落選の憂き目にあったことである。その背景として、過去のあらゆる選挙で不敗を誇った津島が、いわゆる「工専誘致」問題に絡んで八戸市をはじめ県南地区から感情的な反発を受けたこと、また、地元である東青地区で前青森市長・横山実との間で、市長選をめぐり感情的なしこりを残したことが敗因につながった。[66] 津島の票が青森市と東津軽郡で伸び悩んだのである。[67]

図表〈8〉津島文治の衆院選、知事選、および参院選における得票

年		総得数	青森市	東郡	北郡	西郡
1946	(衆院選)	32,768	420	701	14,796	6,678
1947	(知事選)	177,818	20,515	19,862	29,203	23,788
1950	(知事選)	269,570	24,427	29,628	33,757	26,910
1954	(知事選)	161,455	15,424	11,150	23,424	21,569
1958	(衆院選)	42,648	23,684	5,570	・・・	・・・
1960	(衆院選)	50,686	28,359	6,870	・・・	・・・
1963	(衆院選)	48,910	26,988	5,324	・・・	・・・
1965	(参院選)	183,439	31,664	6,260	14,542	14,786
1971	(参院選)	260,633	44,894	10,017	16,968	16,730

出典：『青森県議会史』、『東奥年鑑』、木村良一『検証　戦後青森県衆議院議員選挙』、木村良一『青森県参議院選挙』。

図表８からも明らかなように、津島にとって、１９４６年の衆院総選挙を除いて、各種の選挙で青森市は、いわば集票の〝ドル箱〟だったことがわかる。しかし、その青森市において、津島は前回に比べて１３７１票、また東郡で１５４６票も減らしたのである。

本来東青を地盤とする津島にとって、戦況は極めて不利な状況となっていた。[68] 有権者たちは地元の利害には、極めて敏感に反応する一面をみせつけたといわねばならない。

確かに、津島は工専問題や新産都市問題で、青森市はいうまでもなく、八戸市でも人気を落とし、「2区出身の1区代議士の悲哀」ともいわれた。ただ、政治学者の木村良一にいわせれば、それは間接的な要因であって、津島の直接的敗因は、同じ自民党の森田重次郎が東青で票を取り過ぎたことであった、と分析している。[69]この当時、選挙制度は中選挙区制であり、自民党は同一選挙区に党から複数の候補者を立てていた。まさに、それが裏目に出たのだ。

第一章でも紹介したように、今回の衆議院総選挙については、津島文治自身が、前年1962年12月の中旬に、岩田正秘書に対して、次のように漏らして選挙への不安を語っている。いわく「次の選挙は落選です。私はこれまで何回も選挙をやってきたが、こんな不安に襲われたのは初めてだ。陣笠でも現職のうちなら力になれるから2人で就職運動をやりましょう」と。[70]津島は「初めての敗戦をジックリとかみしめて、再出発をしたい」と敗戦の弁を言葉少なに語った。[71]

津島文治は生涯で初めて、しかも唯一の落選を経験した。津島は、これまで選挙では、町長選、県議選、衆院選、および知事選において、1度も落選したことがなく、プロの間で「選挙の神様」との異名をいだいていた。一般に、選挙戦では正面から切り込んでいくことが必要である。しかし、実際には、候補間のある程度のかけ引きも要求される。津島が落選の苦杯を知らなかったのは、そのかけ引きの手腕を十分に有していたからだ。だから、それに長じていた津島を、〝術策家〟だと評する人も少なくない。[72]

留意すべきは、この当時、津島が衆議院議員として、外務政務次官（1960年）および農林政務次官（1962年）と、2度にわたり政務次官に就任していたものの、地元有権者たちの陳情を聞き、積極的に関係省庁に根回しをしてあげたという話が聞かれなかったことである。あるいはそのような超然たる政治姿勢が、今回の衆院選で響いたのかもしれない。津島にある種の油断があったということか。

『東奥日報』は、津島の落選について、「総選挙激戦のあとを顧みる―本社記者の座談会」の中で、〝初めて落選の味を知る〟と題して、次のように分析している。

C　20代で金木町長に当選して以来初の落選だから精神的な打撃も大きいと思う。これまで知事、代議士をともに3期も勤めた人だから県政界にとっては1つの異変ともいえる。と同時にそろそろ本県も若返り、別なことばでいえば政治的〝中進県〟になったともみられる。[73]

総選挙で敗退した津島文治はその後、参議院に鞍替えをする。津島にとって、それだけ国会議員としての地位=権力の座に未練があったということである。

5、参議院通常選挙

(1) 1965年7月の参議院通常選挙

1965年7月4日、参議院通常選挙が行われ、その結果は、元知事で前衆議院議員の津島文治が18万3439票を獲得、無所属で次点の山崎竜男（13万6652票）に4万6787票の差をつけて当選した。

立候補者は、自民党の津島文治、社会党の轟泰諄、共産党の中村勝巳、民社党の秋元岩五郎、および無所属の山崎竜男の5人であった。自民党は当初、前知事の山崎岩男を公認候補に決定して準備を進めていた。だが、山崎は病気で死去、その後任をめぐって自民党県連内部で激しい公認争いが生じ、公認申請者が10人も出る始末であった。最終的に、全県的に知名度もあり、かつ推薦する支部が多かった津島を公認候補者と決定した。しかし、山崎の長男で医師の竜男は「父の遺志を継ぎたい」と公認を要請してきた。これは県連の受け入れられるところではなかった。そこで山崎は、非公認での出馬を決意。そのため、自民党県連は党紀違反で除名、山崎は無所属で立候補した。これで、自民党の分裂は不可避となった。[74]

公認争いによる参院選対策への立ち遅れ、山崎除名に対する同情、また津島への「工専」問題の〝しこり〟などで、自民党内は複雑な様相を呈した。選挙結果は、公認候補の津島が勝利したとはいえ、津島18万余票、山崎13万余票という具合に、完全に保守の自民党票を分け合う形となった[75]。

曲折を経て、参議院議員の地位を手にした津島文治は、「政治家として県の開発に最後の全力を傾けたい」と、語っている。まだ若い者には負けられない、政治家として十分やれる、という意気込みが感じられる。時に、津島は満でいえば67歳、一方山崎は43歳で、両候補の年齢差は24歳、親子ほどの差であった。津島は次のようにいう。

「今度の選挙は山崎氏と同じ地盤内の選挙ということで苦しい戦いだった。選挙のためには必ずしも有利な材料ばかりでなく、とくに県南地方は工専からむつ製鉄問題と不利な面もあった。1年半のブランクをよく人に聞かれるが、私としてはちっとも長く感じなかった。青森県としてはいまようやくあらゆる面で軌道に乗り始めているときだと思う。農業にしろ工業にしろ、また辺地開発にしろ、基盤ができつつある時期だ。そういうとき私を当選させてくれた県民にはほんとうに感謝する。政治家としてもっとも働きがいがある。私の最後の全力を県のために傾けたい[76]」。

実は、選挙戦の過程で、一時〝山崎優位〟との声も聞かれた。しかし、最終的には、津島は縁が深い第2区で他の候補を引き離したのが功を奏した。山崎は三八地域を中心に第2区で善戦したものの、津島が僅かの票差で逃げ切った。しかし、山崎の得票が13万6000票に達したことは、津島と自民党にとって、大きな脅威であった。[77]

実際、図表9でもわかるように、山崎は八戸市で津島を9000票もリードしたし、また県内59ヵ所のうちで22町村を抑え、津軽地方でも稲垣村では山崎が津島を上回った。「この得票内容から見て津島は当選したものの、第1区から不信任をつきつけられたようなもので、自民党としては〃勝負に勝ったが選挙で負けた〃という敗北感をもった[78]」。

図表〈9〉知事選での津島文治と山崎竜男の郡市別得票数

	津島　文治	山崎　竜男
青　森　市	31,664	23,777
弘　前　市	19,741	6,197
八　戸　市	15,586	25,192
黒　石　市	7,109	2,611
五所川原市	7,460	2,868
十和田市	5,073	6,017
三　沢　市	4,029	3,579
む　つ　市	5,851	4,031
東津軽郡	6,260	6,078
西津軽郡	14,786	8,603
中津軽郡	2,782	1,178
南津軽郡	17,241	5,346
北津軽郡	14,542	5,640
上　北　郡	13,698	13,183
下　北　郡	7,563	6,313
三　戸　郡	10,054	16,039
計	183,439	136,652

出典：木村良一『青森県参議院議員選挙』〔北方新社、1998年〕36頁。

津島文治がようやく参院議員に当選した翌日の『東奥日報』は、津島に対して、社説で次のように注意を促している。かなりきついお小言である。政治家津島の適性が問われることになる。

「当選した津島氏は向う6年間という長期間、解散のない参院議員として国政に携わることになる。県知事3期代議士3回当選、その間に外務、農林政務次官に就任している政治的経歴の津島氏にあえて言うまでもあるまいが、今日の政治は参院にいよいよ専門的識見と政治の長期的ビジョンを要求している、またこのような次元の高い立場からの英断と同時に、地方区議員は全国的視野から県政発展に政治的中核としての期待も寄せられているのである」[79]。

同じく『陸奥新報』もまた、社説「津島新参議院議員に望む」の中で、津島を含めた県選出の国会議員たちに対して、次のように苦言を呈している。

「第2に強く希望することは、県民と密着することを忘れないでほしいことである。青森県選出の前議員の佐藤尚武にしても、現議員の笹森順造氏にしても、確かに人格、識見ともに青森県、いなわが国の代表的政治家であることにおいて異論はない。しかし率直にいって、県民との密着の点において、残念ながら欠けるものがあったことを指摘せざるを得ない。……最後に蛇足であろうが、青森県からの政府など中央への陳情や切望に対しては、積極的に便宜を図ってもらいたい。〝先生〟として県民の上に座り込むことなく、県民から、県民のために選び出されたものの自覚を、謙虚に堅持してほしいのである」[80]。

マスコミによるいくつかの批判に通底しているのは、いわば、本県を代表していると見られる、津島文治ら国会議員に対する積極的な根回し行動の要求にほかならない。地元有権者たちの日常の陳情に耳を傾けない、ある種、超然たる政治姿勢への批判が、その背景にあった。

それはさて置くとして、今回の参院選で、津島文治は知事、衆議院議員の肩書きと力を充分に見せつけたといってよい。津島の有する「政治力（ポリティカル・パワー）」について、『東奥日報』は次のように報じている。

「自民党県連での公認で楠美、三浦氏を押しのけ、山崎氏を切って背水の陣を敷いた。自民党県連の〝複雑〟な舞台裏はさておいて〝黄金に輝く経歴〟と〝力〟の強さを見せつけられた一幕だった。津島は低姿勢で、礼儀正しく頭が低い。如才がなく、話じょうずである。その陰に〝孤高〟がちらつく。だが、それだけの〝自負〟と〝見識〟が津島文治の身上である。おのれにもきびしく、他人にもきびしい津島は、好き嫌いがはっきりしている反面、老獪とまで誤解される思慮深さが逆に〝アンチ津島〟へ走らせた遠縁でもあろう」[81]。

ただ、選挙戦終盤の予想によれば、〝津島候補がやや優勢〟という見出しが多く見られ、事実、津島は18万3439票を獲得して、追いすがる山崎を突き放した。新聞報道では「全般的には津島候補が優勢にコマを進めているが、反面〝反津島〟の空気が意外に強く、自民党への批判票とともに当初の30万票あるいは25万票という大量得点は困難なようだ」、と結んでいる[82]。

確かに、参議院通常選挙では津島の勝利のうちに終わった。当初、自民党県連は候補者として山崎岩男を立てていた。しかし、山崎は病気で死去、代わりに長男の竜男が出てきた。本来なら、山崎の弔い合戦のはずである。だが、上で述べたように、津島は元知事の力と巧みな権謀術策を駆使して参議院議員の座をもぎ取ったのである。

(2) 1971年6月の参議院通常選挙

6年後の1971年6月27日、第9回参議院通常選挙が実施され、津島文治は再び立候補した。青森県地方区には、1議席をめぐって、公明党を除く自民党、社会党、民社党、および共産党の各公認候補が立

図表〈10〉津島文治の都市別得票数

	津島　文治
青森市	44,894
弘前市	28,058
八戸市	29,107
黒石市	7,121
五所川原市	9,259
十和田市	7,960
三沢市	6,065
むつ市	7,336
東津軽郡	10,017
西津軽郡	16,730
中津軽郡	4,912
南津軽郡	20,086
北津軽郡	16,968
上北郡	18,697
下北郡	11,028
三戸郡	22,395
計	260,633

出典：木村良一『青森県参議院議員選挙』〔北方新社、1998年〕44頁。

候補した。開票の結果、選挙戦の当初から優位を伝えられていた、自民党現職の津島文治が26万633票を獲得。社会党新人の千葉民蔵（13万5729票）に12万4904票の大差をつけて予想通り再選された。津島の勝因はいろいろとある。要するに、県知事3期、衆議院議員3期、参議院議員1期の経歴が示しているように、長い政治的実績、群を抜く知名度などが津島再選を不動のものにしたのである(83)。

開票結果を見ると、図表10でも明らかなように、津島は天王山とみられた県都青森市で4万4894票と革新候補の3人を押さえたのをはじめ、出身地の北津軽郡でも1万6968票と追う千葉の3倍の得票をするなど、津軽地方の全域で圧倒な強さを見せ、津軽の、いな青森県の〃殿様〃ぶりを発揮した(84)。

津島は参議院議員として、再び6年間国政への参画を県民から委ねられることになった。今回、有効投票総数のうち、革新政党が集めた得票率は45・3%で、保守王国の健在ぶりを示した選挙であった。革新陣営は1月の知事選挙に続いて、保守陣営（竹内俊吉・知事3選）の前に敗退を余儀なくされた。投票率の方は53・03%で、前回の1968年の64・58%には遠く及ばず、〃選挙疲れ〃もあって選挙戦は低調のうちに終わった(85)。

参議院議員として、2期目の当選を果たした津島文治は、次のように喜びを語っている。

冒頭、「投票率が低調なので心配した。しかし低調なのは県内だけでなく全国的なもの。今年は統一選挙などで有権者も疲れていたんだろう」と指摘。その上で、「今回の選挙ほど高齢者であることを気にしたことはない。そのために同じ町村に4回も足を運んだ。高齢者というイメージを行動力で示したのが、票につながったのだと思う。本県はむつ小川原の巨大開発を控え、県民所得の向上が約束された。公害問題は、私1人の力でどうにもならないので自民党をはじめ有権者の皆さんと力を合わせていきたい。わが国の経済発展はめざましいものがある。今後は福祉国家づくりに力を入れたい」、と結んだ。[86]

今回の参院選では、一部で津島の満でいえば73歳という高齢が問題視された。津島の弁明は、その表れでもある。6月27日に行われた選挙戦では、争点として農業の再編成、むつ小川原開発などが取り上げられ、公示の6月4日以降23日間にわたって舌戦が展開された。結果は、現職の津島文治が大差で再選されて終わった。政治学者の木村良一は、この結果について「津島の圧勝は全県知名度もさることながら、本県の保守の壁が厚かったことである」と指摘している。[87]

投票率も53・03%と史上2番目の低率に留まった。その要因として、農繁期と重なったこと、候補者に新鮮味がなかったこと、また、減反に伴う出稼ぎ者の激増、候補者の地域的偏在、さらに1月の知事選以来、県議選、市町村長選、および同議員選と半年にわたって選挙が重なり、有権者側の〃選挙疲れ〃が響いたのは間違いない。[88]

『陸奥新報』は社説「約半数が背を向けた参院選」の中で、再選された津島に対して、次のように強い苦言を呈している。

いわく、「今回当選の津島氏は今後6年間、参院の席を持つわけだが、この6年間は、特に農業中心で新しい将来を築き上げようとする津軽地方にとっては、全く重大な時期だといわねばならない。このことを十二分に理解して格段の努力を払ってほしいと思う」と指摘、その上で「有権者の半数が背を向けた今回選挙とは、それだけ革新を口にする本県政党に背を向けていることを意味しないだろうか。口先だけ、選挙時だけの危機意識の訴え、公約の訴えでは、有権者の〝脱政党化〟は深まり、本県の明るい将来の約束は不可能なことを、今回の選挙がまさしく指摘したと思う。各政党の真剣な自己批判、政党人の深い反省を要望しないわけにゆかない」と結んだ。(89)

上で述べたように、今回の参院選では、津島の政治家としての年齢が大きな問題となった。実際、津島派の総括責任者で選挙参謀・三上辰蔵も懸念を示し、「若い世代にどう食い込むかがカギだ。25歳以下の有権者はまだ津島と聞いた経験がない。この人たちに津島を売り込むのは容易なことではないよ」とグチをこぼしている。(90)

確かに、今回の出馬に当たって、一部には、「選手交代……」の声もささやかれたのは間違いない。しかし、津島文治自身の、「政治とともに生き、政治とともに死ぬ」という信条はいささかの揺るぎもなく、むしろ闘志を掻き立てていた節がある。(91)

選挙結果は、津島文治の票は26万633という具合に、1950年の知事選に次ぐ大きな票を獲得、特に青森市ではこれまでの最高である4万4894票（17・2％）に達するなど、まさに圧倒的勝利で、津島の高齢を感じさせない大勝利であった。しかし、これが津島文治にとって、最後の選挙となった。

6、おわりに

以上、津島文治が政治家として各種の選挙に如何なる方法で臨み、議席を堅持してきたかをたどってみた。津島にとって、県議選、衆議院選、および知事選という具合に、政治家人生の前半では、圧倒的な有権者の支持を得て選挙戦を制覇し、議席を守ってきた。しかし、後半では、衆議院選、および参議院選とも、確かに勝利したとはいえ、それは必ずしも圧勝ではなかったし、衆議院選では1度落選も経験した。その意味で、政治家としての津島に陰りが生じてきた。〃津島〃という名前（ブランド）が有権者から飽きられ、元知事で衆議院議員の「津軽の殿様」津島文治への支持も低下していった、といわねばならない。一言でいえば、津島文治は政治家として〃賞味期限〃が切れてきたのである。ただ、津島は、選挙が飯より好きだと断言しているように、選挙に出馬することでエネルギーを蓄え、元気を取り戻していったように思えてならない[92]。

不思議なことだが、津島は政治家として、一度でも引退を考えたことはなかったのかという疑問が残る。実際、本論でも指摘したように、津島はそんな素振りは微塵も感じさせなかった。津島にとっては

〝選挙が生きる術〟そのものであったのだ。しかし、津島が参議院議員として2期目に当選した時は、すでに満でいうと73歳の高齢に達していた。この時、獲得した26万633票という数字は、1950年の知事選の26万9570票に次ぐ大量得票であり、津島は最後の底力を見せつけ、人生の全てをかけた選挙で闘った。ただ、その2年後、1973年5月、参議院議員2期目の任期途中、満75歳で彼は死去した。選挙が飯より好きだといってはばからなかった「選挙のプロ」の津島も、激しかった選挙運動が災いし、それが命を縮めたのかも知れない[93]。

津島文治の生涯は、いわば「選挙のプロ中のプロ」として、選挙に明けて選挙に暮れた一生であった。津島は、県議会議員、衆議院議員、県知事、再び衆議院議員、そして参議院議員といろいろな議員職を体験した。しかもその間に、戦後の農地改革で土地を失い、「斜陽館」の大邸宅も人手に渡さざるを得なかった。それは、選挙に必要な多額の資金を準備するためであった。ただ津島の場合、終始「井戸塀政治家」で通したのが特筆される[94]。選挙で勝利し、カネ儲けをし、財を築くようなことだけは決してしなかった、その意味で、津島は他のいずれの政治家よりも清く、かつ終始一貫して〝清廉潔白〟な政治家であった。

だが一方で、選挙に際して、その津島文治が汚い役どころを側近の三和精一や平野善治郎らに任せていた事実を忘れてはならない。津島派による初期の選挙戦はまさしく、〝金権選挙〟そのものにほかならない。津島派の中で、選挙資金を担当していたのが、金木町の傍島正守である。傍島はすでに1937年4月の衆議院総選挙の時、津島文治の選挙長を務めている。傍島は父以来の側近で、小学校校長退職後、金木銀行取締役となり、頭取の文治と親しく、津島の政治活動、選挙運動に欠かせない存在（＝懐刀）となった。津島は、選挙費用関係を一切傍島にまかせていた。傍島は文治の従妹・二女ふみを妻にしており、津島家とは親類である。傍島は後に金木町取入役を経て県議に転じている[95]。

津島文治の場合、多額のカネをつぎ込み投票を依頼するような選挙手法は、例の「三武小便事件」の教訓もあり、政治家人生の後半には表面的には見られなくなった。選挙資金の使い方が洗練されたのか、違反を巧みに切りぬけてきたのか、ともいえる。確かに、津島派が展開した選挙運動をよく見れば、必ずしも〝津軽選挙〟の側面もないわけではない。ただ、津島自身が表面に出なかった暗黒部分を忖度するなら、津軽選挙の端緒となった不正な手法が散見されるのは否めない。

ところで、津島文治の政党所属が大きな問題となったことがある。最後に政党所属について簡単に説明しておきたい。政党帰属が問題となったのは、１９５０年11月の知事選のときである。戦前は立憲政友会、戦後直後は日本進歩党に所属しており、いずれも保守系である。しかし、初代民選知事の時には党籍は日本民主党で、若干リベラルへと軸足を移した。戦後、民主化が進展する中で、津島は選挙戦を意識したのであろう。ところが、リンゴ税問題で小笠原八十美・衆議院議員の協力がなければ動きがとれない状況となり、県政界で圧倒的勢力を誇る小笠原の協力を得るため民主党から自由党に鞍替えした。津島の党籍離脱は、自由党の小笠原勢力を二分する騒動となった。ただ、小笠原派が津島の離党を認め、津島の離党表明となった。

津島いわく、「私は23年の政治生活の中で党籍を離れることは今回が最初だけに感無量なものがある。しかし、これが県政のためになるのであれば、喜んで皆さんの離党勧告を受け裸になっても出馬する」。津島によれば、党のために死ねという大義名分から中立という大義名分への転換であった。

津島文治は、戦前、県議会選と衆議院選に立候補し、その時は「立憲政友会」公認で出馬している。戦後、衆議院に出馬した際には、「日本進歩党」公認で出馬。県知事選では、「日本民主党」に所属、その後、「日本自由党」に党籍を変更したものの、1955年以降は「自由民主党」所属議員となり、衆議院・参議院時代は自民党議員で通した。所属会派は、池田勇人派の「宏池会」で、参議院議員時代には、大平政権の実現に貢献している。宏池会は現在も存在しており、自民党内では、リベラル派で「公家集団」だと揶揄されている。[96]

留意すべきは、津島という「家名」が、現在でも綿々と受け継がれていることである。津島雄二、津島恭一、および津島淳たちは、いずれも津島という家の血筋を維持・利用、それを看板にして、衆議院議員の座を射止めてきたからだ。その意味で、津島文治の「政治的遺産（ポリティカル・レガシー）」は今日でもなお、間違いなく存続しているといってよい。[97]

〈注〉

⑴ 藤本一美『戦後青森県の政治的争点　1945年～2015年』〔志學社、2018年〕第2部を参照。
⑵ 朝日新聞社青森支局編『風雪の人脈　第1部政界編』〔青森県コロニー協会出版部、1983年〕32頁。秋山耿太郎、福島義雄『津島家の人びと』〔筑摩書房、2000年〕172～173頁、176～177頁。
⑶ 藤本一美『戦後青森県政治史　1945年～2015年』〔志學社、2016年〕475頁。
⑷ 『東奥日報』1925年10月12日。
⑸ 秋山・福島、前掲書『津島家の人びと』97頁。
⑹ 藤本、前掲書『戦後青森県政治史　1945年～2015年』464頁。津島の出馬断念は、弟の修治が例の「鎌倉心中事件」を起こし、そのため、県議会議長に辞任届を提出しようとしたように、心中事件が大きく影響して

いた（同上『津島家の人びと』解説、２４２頁を参照）。
(7)　高橋興「津島代議士当選辞退」『青森県百科事典』〔東奥日報社、１９８１年〕６０２頁。
(8)　木村良一『青森県知事選挙』〔北方新社、１９９８年〕15頁。
(9)　『東奥日報』１９２７年９月27日、大量得票の第２位は金木町に隣接していた武田村であり、７２１票中４２６票＝59％獲得した。そこでは、津島の小作人が多かった。
(10)　秋山・福島、前掲書『津島家の人びと』１００～１０１頁。
(11)　『東奥日報』１９２７年９月25日。
(12)　同上、１９２７年９月28日。
(13)　同上、１９２７年９月24日。
(14)　同上、１９２７年９月29日。
(15)　小野久三、尾崎竹四郎『青森県政治史（３）大正・昭和初期～民衆の登場と戦争の影』〔東奥日報社、１９８０年〕４０５頁。
(16)　『東奥日報』１９３５年９月28日。
(17)　同上、外崎千代吉については、藤本一美『戦後青森県の保守・革新・中道勢力―青森県選出の国会議員』〔志學社、２０１７年〕、第三部第７章を参照。
(18)　『東奥日報』１９３５年10月11日。
(19)　同上、１９３７年５月２日。
(20)　同上。
(21)　秋山・福島、前掲書『津島家の人びと』１３２頁。
(22)　同上。１３３～１３４頁。高橋、前掲書「津島代議士当選辞退」『青森県百科事典』６０２頁。三武小便事件とは、五所川原町の料亭「亀乃家」の２階から津島派の幹部（三上武雄・六郷村長）が放尿して逮捕され、所持していた買収資金が警察で明らかとなり、津島派の運動員が芋づる式に逮捕されたものである（秋山・福島、前掲書『津島家の人びと』１３３頁）。
(23)　『東奥日報』１９３７年５月10日。
(24)　藤本、前掲書『戦後青森県政治史　１９４５年～２０１５年』４６６頁。

(25)『東奥日報』１９４６年４月30日。鎌田慧は「文治の当選は、地主の最後の余力だったかもしれない。が、同時に地主制度が内部から崩壊し始めていたことをも、よくしめしている」と指摘する（鎌田慧『津軽・斜陽の家―太宰治を生んだ「地主貴族」の光芒』〔講談社、２００３年〕２９９頁）。実際、地主制度は戦時中、政府の地主抑制的政策もあって、崩壊を余儀なくされていた。
(26)『東奥日報』、１９４６年４月13日。
(27)同上、１９４７年４月７日。
(28)同上。
(29)木村、前掲書『青森県知事選挙』16頁。
(30)『東奥日報』１９４７年４月７日。
(31)木村、前掲書『青森県知事選挙』34頁。
(32)木村良一『検証　戦後青森県衆議院議員選挙』〔北方新社、１９８９年〕34頁。
(33)朝日新聞社青森支局編、前掲書『風雪の人脈　第１部・政界編』32頁。
(34)木村、前掲書『青森県知事選挙』17頁。リンゴ税の廃止については、藤本、前掲書『戦後青森県の政治的争点１９４５年～２０１５年』第１部第５章を参照。
(35)『東奥年鑑　昭和26年版』〔東奥日報社、１９５１年〕63～65頁。
(36)同上、66頁。長老会談から県政界の実力者小笠原八十美を意図的に排除したのは、大勢を決めてから結論を小笠原に飲ませるためであった（木村、前掲書『青森県知事選挙』21～22頁）。
(37)木村、前掲書『青森県知事選挙』23頁。傍島正守「人間性を磨かれた〝雌伏10年〟」『清廉一徹』〔筑摩書房、１９７４年〕２１０～２１１頁。
(38)『東奥日報』１９５０年11月12日。
(39)同上。
(40)千葉伝蔵は、１８９０年荒川村（青森市）に生まれる、青森中学卒業後、日大などで学ぶ、県海産物商協同組合会長などに就任、１９２８年青森市議、市議会議長を務める、１９３１年県議、１９３６年青森市長に当選、以後３期連続当選、県水産界の発展に尽力、１９６２年死去（『青森県人名事典』〔東奥日報社、２００２年〕４２２頁）。
(41)『東奥日報』１９５４年11月６日。

(42)『陸奥新報』１９５４年11月7日。
(43)同上。
(44)『青森県議会史　自昭和28年～至昭和34年』〔青森県議会、１９６０年〕36頁。
(45)『陸奥新報』１９５４年11月6日。
(46)同上、１９５４年11月7日。
(47)木村、前掲書『青森県知事選挙』29～30頁。
(48)「候補者うきぼり―津島文治の巻」『東奥日報』１９５４年10月19日。
(49)前掲書、『青森県議会史　自昭和28年～至昭和34年』６０１頁。
(50)『東奥年鑑　昭和33年版』〔東奥日報社、１９５８年〕45頁。
(51)秋山・福島、前掲書『津島家の人びと』２１２頁。
(52)木村、前掲書『検証　戦後青森県衆議院議員選挙』１１２頁。
(53)同上、１０６頁、（ ）内は引用者。
(54)『東奥日報』１９５８年5月23日（夕）。
(55)同上。
(56)『青森県議会史　自昭和35年～至昭和37年』〔青森県議会、１９７８年〕８頁。
(57)『東奥日報』１９６０年11月21日。
(58)同上（夕）。
(59)藤本、前掲書『戦後青森県の政治的争点　１９４５年～２０１５年』第3部第1章を参照。
(60)木村、前掲書『検証　戦後青森県衆議院議員選挙』１２２～１２３頁。当時、秋元良治は、県教組の委員長として、津島の政治談議を聞いていた。だが、自民党の山内啓助議員が「中間給与条例から警察職員を除外することに決定です」と報告。それを聞いた津島知事は、「激怒のため顔面蒼白となり、身体をワナワナ震わせながら立ったままの姿勢であった」〔秋元良治『知事交渉15年―対決の旋律』〔北の街社、１９８７年〕１３６頁〕。中間給与条例をめぐる県労組の立場と実情については、同書１０７頁以下に詳しい。
(61)木村、同上『検証　戦後青森県衆議院議員選挙』１２６頁。
(62)『東奥日報』１９６０年11月21日（夕）。

(63)藤本、前掲書『戦後青森県政治史　1945年～2015年』115頁。
(64)『東奥日報』1960年11月1日、11月11日。
(65)『青森県議会史　自昭和38年～至昭和41年』〔青森県議会、1983年〕18頁。
(66)藤本、前掲書『戦後青森県政治史　1945年～2015年』473頁。
(67)木村、前掲書『検証　戦後青森県衆議院議員選挙』136～137頁。
(68)同上、138頁。
(69)岩田正「津島ペース人気・外務次官」前掲書『清廉一徹』255頁。
(70)『東奥日報』1963年11月22日、秋山・福島、前掲書『津島家の人びと』213～214頁。
(71)「選挙の神様の異名」『東奥日報』1963年11月6日。秋元、前掲書『知事交渉15年―対決の旋律』188～189頁。
(72)『東奥日報』1963年11月22日（夕）。元秘書の岩田は、津島が「いやいや。これでも私の直感は当たるんですよ」という言葉を聞き、「政治家としての先生の優れた先見性に富む才能」を示唆している。政治家たるもの、常に全体の情勢を眺め、客観的に状況を判断できなければ、当選は適わない。
(73)『東奥年鑑　昭和40年版』〔東奥日報社、1965年〕43頁。木村良一『青森県参議院議員選挙』〔北方新社、1998年〕34～35頁。
(74)同上。
(75)『東奥日報』1965年7月5日。
(76)同上。
(77)前掲書、『東奥年鑑　昭和40年版』42～43頁。
(78)『東奥日報』1965年7月5日。
(79)『東奥日報』1965年7月5日。
(80)『陸奥新報』1965年7月5日、佐藤尚武、笹森順造については、藤本、前掲書『戦後青森県の保守・革新・中道勢力―青森県選出の国会議員』を参照。笹森は、中央官庁への陳情や橋渡しは、本来知事がやるもので、衆参議員は、全国民の代表であって、一地方の便宜のために動くものではない、という認識を抱いていた。だから、選挙区民が陳情に来るのをいやがった。日本国憲法では、国会議員は「全国民の代表」だと、位置づけられている。津島も単純にそう考えたとは思わないが、理屈としては通っている。

(81)『東奥日報』1971年6月28日。

(82)「参院選―地方区の終盤戦をみる」同上、1965年7月1日。

(83)同上、1971年6月28日。

(84)『青森県議会史　自昭和46年～至昭和49年』(青森県議会、1987年)13頁。

(85)『東奥日報』1971年6月28日。

(86)木村、前掲書、『青森県参議院議員選挙』43頁。

(87)「参院選事務所めぐり―津島候補」『東奥日報』1971年6月19日。

(88)「候補者の横顔＝参院選地方区、自民党　津島文治氏(73)」同上、1971年6月7日(夕)。

(89)同上、1971年6月28日。

(90)『陸奥新報』1971年6月28日。

(91)福島常作『文治先生行状記』(北の街社、1978年)83頁。

(92)秋山・福島、前掲書『津島家の人びと』244頁。

(93)ただ、竹中修一(衆議院議員)によれば、1972年1月の段階で、津島は「今回の任期を以って引退するつもりだった」と発言している。だから、終生議員でいるつもりはなかったようだ(竹中修一「恩賜の煙草」前掲書『清廉一徹』54頁)。

(94)朝日新聞社青森支局編、前掲書『風雪の人脈　第1部政界編』32頁。選挙資金を工面してくれたのは側近の三和精一(後に衆議院議員)であった。文治自身も妻のれいに「これから選挙に金がかかるから、こしらえてねば」と語っている。金木の斜陽館は当時の価格、250万円で売れた。だが、税金や借金の返済で残ったのは100万円にすぎなかった(秋山・福島、前掲書『津島家の人びと』172～173頁)。文治にとって、1946年の衆議院選、1947年の知事選と続き、経済的にかなり苦しい時期であった、と思われる。

(95)木村、前掲書『青森県知事選挙』21～22頁。高橋興『津軽選挙―地方政治における権力の構造』(北の街社、1987年)132頁。中村清次郎「名利にこだわらず」前掲書『清廉一徹』108頁。津島康一・東郷克美「太宰治と津軽家の人びと」『国文学―解釈と教材の研究』第32巻1号(1989年1月)41頁。

(96)藤田正明「真摯の政治家」前掲書『清廉一徹』65～66頁。津島は晩年、自民党のやり方を次のように批判、傾聴に値する。「近ごろの自民党のやり方は、各論ばかりやたらに多くて総論に当たるものがなさすぎてじつにつまらない。騒ぎたてると金をだす。何でも金で処理しようとする。金さえ出せば何でも決まるように思う悪い癖がついている」（田澤康一郎「私の津島さま」前掲書『清廉一徹』１６５頁）。本章では、リベラルとは、「国家・集団・権威などによる統制に対し、個人が自由に判断・決定する事が可能で、自己決定権を持つとする思想・体制・傾向などを指す意味」で用いている。

(97) 津島雄二、津島恭一、および津島淳については、藤本、前掲書『戦後青森県の保守・革新・中道勢力―青森県選出の国会議員』において詳細に論じた。

第三章　津軽選挙

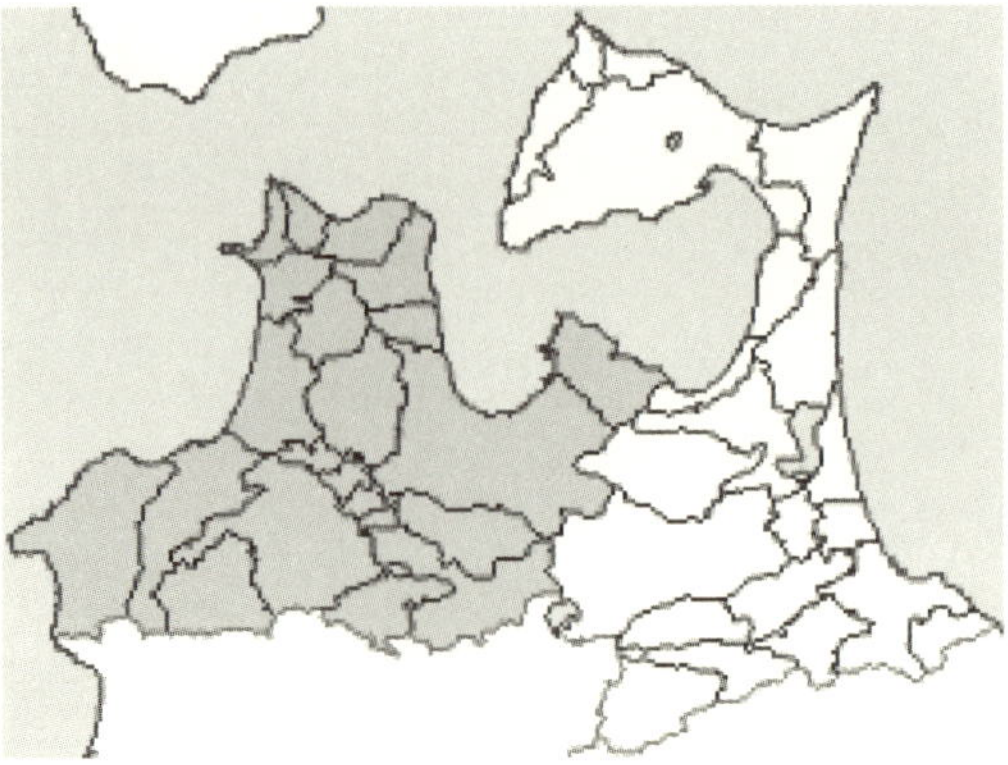

青森県の津軽地方

金木の芦野公園

1、金木町長選挙―開票不正事件

⑴はじめに―問題の所在

戦後の青森県においては、しばしば「津軽選挙」の弊害が指摘されてきた。津軽選挙とは、厳密に定義するなら、法律体系や選挙制度を全く無視した不法な選挙行動である。近代国家が〃法治国家〃であるとすれば、それは困ったものである。改めていうまでもなく、国民の代表者たちが議会で決めた法律を無視するような行為は、厳に慎まなければならない。民主的手続きを尊重することなくして、選挙にまつわる不正事件をなくすことはできない。

そこで第三章では、津軽選挙と称されている代表的な事例を取り上げて、その実態を報告する。その上で、不法な選挙行為を排除するにはどうしたら良いのか、処方箋を提起したい。そのことを通じて、「公明正大」な選挙が行われれば幸いである。以下で展開するのは、そのささやかな試みであり、時代を追って検討する。

津島文治派が展開した選挙運動は、いわゆる津軽選挙の「原型（プロトタイプ）」だといわれることが多い。事実、津島派の運動員は、すでに戦前、県議会議員選挙、特に衆議員選挙において、多くのカネをばらまき選挙違反のかどで逮捕され、津島派の運動員のみならず津島文治自身も選挙違反に問われ、留置場から議員辞退を表明した経緯がある。

それでは津軽選挙とは一体何を指すのか、ここで正確に問う必要がある。その特色を探るため、私なりの接近を試みたい。

結論を先取りするならば、確かに、津島文治派が展開した選挙運動は津軽選挙といわれるものの契機となった。しかし、例の「三武小便事件」で衆議院議員の座を辞退するはめとなったことで津島文治と津島派は、それ以後、法律体系や選挙制度を無視するような選挙運動を賢明に避けてきたといえる。その意味で、津軽選挙なるものは、津軽地方に特殊な「社会的構成体」から生じた、世間の常識を無視した無頼の徒が起こした事件だというべきであろう。だから、津軽選挙が、イコール、津島（派）と直接関係しているとはいい難い。

全国のその他の地方選挙で、中里町で発生した投票所乱入といった類の無法きわまる選挙は、全く見られない。しかも、中里町の事件は、戦後直後ではなくて、日本が近代化され、高度経済成長を遂げた後の1975年に生じているのである。それは今から、40年前の出来事に過ぎない。

その際、注意すべきは、一口に〝津軽〟といっても、かなり広いということだ。後述するように、選挙管理委員会を悪用したり、2人町長とか、あるいは投票場に乱入するといった類の無法な振る舞いは、五所川原市を挟んだ、北津軽郡と、西津軽郡のみに集中している。だから、「西北五選挙」という方が、より正確であろう。

津軽選挙の発端は、次のようである。１９５８年４月19日、北津軽郡の金木町で、出直し町長選挙が行われた。だが、当選者は容易に決まらなかった。開票に際して不正事件が生じたのである。前県知事で衆議院議員に転じた津島文治の弟・津島英治[1]新町長の当落を決定するのに、津島派の職権濫用による選挙妨害が見られ、投票増減容疑で３人の逮捕者の取り調べが行われたのである。落選したとされた前町長の花田一派からは[2]、津島当選無効の異議申し立てが提訴され、また、町議会議員全員のリコール署名運動も展開され、さらには、前知事の津島文治が選挙結果に介入する態度を示すなど、事態は極めて複雑な様相を呈するにいたった。

当初、金木町選管は４月27日、津島英治が３９０９票、花田一が３６５３票（無効票８４９票）と発表、津島の当選を決めた。だが４月30日、実兄の前知事・津島文治の説得もあって、津島英治町長は辞任を声明、原田勇太・町議会議長宛てに辞任届けを提出した。しかし、21日でもって法的には退任効力が自然発生したのだという見解や、原田議長ら津島支持者から辞任を撤回したとの情報が流れるなど、本人が行方をくらましていたこともあって、金木町は首長空席のまま推移した[3]。

ところが、衆議院総選挙の投票日である５月22日の朝、津島英治は22日ぶりに住居先の五所川原市の公営住宅に現れ、去る４月30日に原田議長のもとに提出した辞任届を21日付けで撤回し、今後、町長の席に就いて町政運営に当たるつもりであると明らかにした[4]。だが、県選管は６月16日に至り、花田が４４２７票、津島が３９１１票（無効票１０４票）と裁決、当落の結果が逆転した。津島は、県選管から町長当選取り消し裁定を下されるや、７月12日、これを不服として、仙台高裁秋田支部に裁定取り消し請求を控訴した。

この事件は最高裁まで争われ、1961年10月13日、最高裁は県選管の裁決を追認、花田一の当選が確定した。ただ、花田は1959年4月23日の県議会議員選挙で、すでに県議会議員に当選しており町長を辞退。結局、津島英治が町長任期4年間を務めあげたのである。

金木町は、著名作家である太宰治の故郷として全国的に知られていた。しかし、今度は町長選の開票をめぐる不正事件で全国的に話題となった。太宰治の実兄であり、かつ津島文治の弟である英治は司法の場で、落選だと裁定されたにもかかわらず、選挙長らの不正行為により最終的に4年間町長の座に居座ることになった。まさに、異例の展開を見せた世にも不思議な出来事であったといわざるを得ない。

本節では、戦後青森県で生じた政治的事件の1つとして、1958年4月に生じたこの金木町長選をめぐる選挙不正事件を取り上げる。論述は、前半で金木町の概要と近年の政治状況を概観、後半では町長選不正事件の経緯を検討し、最後に津軽選挙の実態に迫ることにする[5]。

(2) 金木町と政治抗争

金木町は、青森県の北西部、北津軽郡に存在した町である。作家の太宰治、歌手の吉幾三の出身地として知られ、津軽三味線の発祥地でもあり、地吹雪の体験ツアーや斜陽館などを観光資源にする町であった。だが、2005年3月28日に、五所川原市、市浦村と合併し、新市制により五所川原市の一部となった。

金木は近世初期に開村され、元禄時代に金木新田として開拓が進み、1687年、金木組24ヵ村支配の代官所を設置、北津軽郡の中心地として発展した。金木村には早くから代官所が置かれ、津軽藩の要所となったのは、コメの生産と同時にヒバの産地であったからである。１８８９年、町村制施行に際し、金木、川倉、藤枝、蒔田、神原の５ヵ村が合併して、金木村となった。
その後１９２０年、町制を施行、金木町となり、１９３０年には、津軽鉄道が開通、また津鉄バスが運行されるなど、交通の要所、商業・文化の中心として発展した。戦前には津島家のような大地主を輩出し、１９５５年、金木町、嘉瀬村、喜良市村の１町２ヵ村が合併した。１９７５年時点で、人口は１万４２２６人、面積は１２６・47平方キロであった。[6]金木町では、戦後の１９５１年、31歳という若い花田一町長が誕生して以来、町長派と反町長派の政争が続いていた。政治学者の木村良一は、政争の背景を次のように分析している。

「戦後の町村合併後の昭和30年代の金木町は、津軽地方で有名な旧地主の名門〝ヤマゲン〟、県知事を務めた津島文治派と新興の若手町長、花田一派とが町議会も町民も二分する険悪な状態にあった。いわば〝旧体制〟に対する〝新興市民層〟との対決として展開された[7]」。

こうした政治的環境の中で、１９５６年６月25日、町議会で花田一町長が議会に出席中、町議員に殴られて入院するという不祥事が生じている。この突発事件で、両派の確執は一段と激化。１９５７年度予算案を審議するため、１９５７年３月22日、臨時町議会が招集されたものの、議会勢力は野党＝反町長派が優勢で、議事は10日間も空転したあげく、年度内に予算案が成立しないという事態に追い込まれた。新年度を迎えた４月２日の町議会では、町当局が提案した当初予算６３８２万円余は８８５万円減額して可決した。

これに対して、花田町長は4月11日、再度臨時議会を招集、減額可決された予算案を再議に付した。しかし、野党側は再びこれを否決。そこで、花田町長は4月21日、町議会を解散する挙にでた。野党はこれを不服として、青森地裁に解散無効の行政訴訟を起こし、同地裁は、1958年2月27日、解散無効の判決を下し、花田町長は敗訴となった。そこで、花田町長は、町民の信を問うため4月1日に辞職し、新たな町長を選出する選挙が12日告示、19日に施行されることになった。[8]

ここで忘れてならないのは、上記の混乱に紛れて、重要な案件が処理されていたことである。すなわち、町選挙管理委員3人の選任が行われ、反花田派（津島派）の西村啓次郎が委員長に選ばれた。町選管の人事を握ることに成功したとはいえ、反花田派にとって最大の悩みは、前町長の花田に対抗できる候補者が存在しないことであり、結局、津島文治前知事の実弟である英治に白羽の矢がたった。[9]

従来中立の立場をとり、金木町の派閥抗争を仲裁できる唯一人の実力者として君臨していた津島文治・前知事が反町長派の旗印を鮮明にし、実弟を町長選挙に出馬させたのである。そのため、選挙戦に突入するや、金木町は町長派＝花田派と反町長派＝津島派とに分かれて激しい闘いが繰り広げられた。[10]

(3) 町長選・開票不正事件

町長選挙には、花田一、津島英治、および小田俊与の3人が立候補したものの、事実上、花田対津島の一騎打ちとなった。投開票は4月19日に行われ、午後7時から開票がはじまり、花田がリードして当選確実かと思われた。

ところが、午後11時過ぎ、津島派の開票立会人から「投票者数より投票用紙が多く、不正投票があった」、と異議申立書が提出された。これを受けて、津島派の西村啓次郎選管委員長は、一方的に開票作業の中止を宣言、投票箱を放置したまま行方をくらましてしまった。越えて4月22日の午後、県選管委員の立ちあいのもとで「選挙会」が再開された。だが、開会冒頭、西村啓次郎・選挙長が委員会の決定として選挙無効を宣言する挙にでた。(11)

そこで投票日から8日後の27日、選管委員長、開票立会人が交代、その上で開票作業が再開された。ただ、交代した選管委員長および開票立会人はいずれも津島派であった。新選挙長の傍島正守（津島派）は、花田候補の得票から８４９票を無効であるとして抜き取り、津島候補が３９０９票、花田候補が３６５３票、２５６票差で津島候補を当選者として告示。町選管は、同夜直ちに津島英治に当選通知を出し、翌28日には、当選告示をするとともに当選証書を交付したのである。しかし、4月30日、津島英治の兄の文治は、自身が立候補している衆議院総選挙への影響を勘案して、英治に町長を辞任するよう説得、英治はそれを受け入れ、町議会議長宛てに辞表を郵送した。(12)

一方、花田派の方は直ちに、町選管に異議申し立てを行った。だが、町選管はこれを棄却、そこで県選管へ審議申し立てがなされた。審査した県選管は、6月16日、先に町選管が下した花田派の異議申し立て却下の決定を取り消し、津島町長の当選無効という裁決を下した。つまり、町選管が「他事記入」などの理由で無効投票とした８４０余票のうち、７７０票を有効投票として復活させ、しかもその大部分が花田候補の得票となったのだ。その結果、花田一は４４２７票、津島英治は３９１１票となり、５１６票差で、花田候補が当選、津島候補の当選は無効と判定された。(13)

なお、この間、開票不正事件に関して、県警本部と金木署から摘発の手が入り、町選管委員長の西村啓次郎、傍島正守・選挙長、および県議の珍田福伍郎らの津島派関係者に逮捕状が出て、津島候補逆転当選のカラクリに捜査のメスが入った。しかし、津島派は津島町長の辞任に反対、６月に入り、津島町長も辞意を撤回して居直りを始めた。

すでに冒頭でも述べたように、この事件は、最高裁まで争われ、１９６１年10月13日、最高裁は県選管の裁決を追認、花田候補当選を確定した。ただ、投票日から3年半が経過、その間に、花田は県議会議員に当選していたので、町長の残存期間の半年間のみ就任することを辞退。ここに津島は繰り上げ当選となり、１期４年間町長を務め上げたわけである。[14]

当時、津軽地方では、「選管を制するものは選挙を制する」という言葉が流行った。誰が投票したかということよりも誰が票を数えるかが重要視されたのである。この金木町長選挙はマスコミの注目を集め、一気に、津軽選挙という用語が全国に広がった。以降、津軽地方では、近隣町村で選挙をめぐる対立抗争がとみに激化、そのため、金木町長不正事件は、津軽選挙の「原型（プロトタイプ）」だともいわれ、選挙不正事件の震源発祥地として不名誉な目で見られるようになった。[15]青森県民にとっては、極めて遺憾なことである。

⑷おわりに

今回の金木町長選不正事件について、マスコミは一斉に批判の火ぶたを切った。まず地元紙の『陸奥新報』は、今回の選挙を強く批判した。要点をついているので、最初に紹介する。次いで同じく地元紙である『東奥日報』の社説などを中心に、不正極まる金木町長選の実態を検証する。

弘前市に本社がある『陸奥新報』は、金木町長選の経緯を次のように断罪する。

「北郡金木町の町長選挙は、案の定開票中にわけのわからない騒ぎを巻き起こして、選挙事務をズルズル引きのばしている。選挙管理委員会ともあろうものが、公選法すら理解せずにただ騒ぎ回っているのだから、まったく〝無法の町〟というほかはない(16)」。

まったく同感の至りである。『陸奥新報』の批判を受けた形で、青森市に本社を置く『東奥日報』は次のように苦言を呈する。

「民主主義とか地方自治をのばす根本は公明な選挙にある。公明な選挙の番人は選管委であり、選管委は絶対に中立性を守らねばならぬのはイロハのイである。にもかかわらず選挙そのものを政争の手段にしているような与野党の影響を受けて、それに選管委まで左右されては、振り出しから問題で、上がりのないスゴロクのようなものである(17)」。

世間を騒がせた、金木町長選挙の不正事件は、5月26日に招集された県議会でも、大きな話題となって取り上げられ、以下のような質疑・応答があった。そこでは、金木町長選には、県として介入する余地がなく、法律にまかせるしかないと、結論されている。しかし、今回、その法律自体が無視され破られたのである。

山田寅三……金木事件は、全国にも異例のケースとして社会の耳目を衝動させ、われわれの常識では、判断できない事件である。従来から政争の激しい金木町が、不純行為によって、町長選挙が行われたり、そのため行政が渋滞し、町民に与える影響大なる場合は、法律よりも先に、道義的解決を講ずるのが知事の措置でなければならぬ。

山崎岩男知事……金木町は、花田君が町長在職中から問題があった町で、私も陰に陽に心配し、関係者と相談して見ようとしているうちに選挙が執行され、私の介入する問題でなくなった。円満に解決する方法として、特定候補の花田、津島両氏に辞めて貰うことも考えられたが、選挙執行後は私には権限はない。残念だが、法律によって行動するよりほかにない。

県選挙管理委員長……市町村選管に対し、県選管より命令することはできない。自治庁長官といえども命令をしたり、人事の入れ替えする権能は持っていない。……開票場内の一切の権限は開票管理人にあり、有効無効は選挙管理人および立会人の意見で決まるので、解決には異議申し立てよりない。(18)

金木町は、従来から政争の町としても有名であった。今回の町長選挙に関係した不正開票事件＝津軽選挙の背景には、町民たちによる激しく長い権力闘争が存在したことを忘れてはならない。実際、金木町では、戦後の１９４６年から絶えず町長派と反町長派が足の引っ張り合いを続け、同一議題での再度にわたる町議会の流会、しばしば繰り返されてきた議場内での暴力事件、野党議員による町長告発、さらに議会解散、そして裁判ザタと、選挙を通じて政争は激しさを増していった。しかも、今度は考えられないような非常識な不正開票の発生である。

そこに通底しているのは、町役場＝権力の座を占領することによる「利益供与」の確保である。それは全て生活のための闘いだといえる。津軽選挙の源には、主たる仕事をコメの生産と木材産出など第1次産業に依拠せざるを得ない「貧しさ」が根本にあり、選挙こそがその縮図である。経済的利権がその根にある限り、不正な選挙はなくならない。ではどうすればよいのか、その処方箋は本章の最後において示す。

ここで話を前に戻すと、5月22日、23日、津島英治は町長として初登庁。県知事を辞任して衆議院総選挙に青森第2区から初当選した津島文治は、津軽家の家長として、弟・英治に対して「津島家の先代は貴族院議員をしたこともあり、（自身は）県議、代議士、知事と家名を汚さぬような正しい政治を行うように心掛けてきた。正しくない選挙に関連するのは私の信念としても許さない」と、再度町長の辞任を迫った[19]。

しかし、英治の方は態度を保留、そのまま居座る道を選んだのである。それは、兄の文治が無事に衆議院議員に当選した現在、前回と異なり、政治的環境が変化したので、その事実を勘案して町長の椅子に居座ったところで、兄文治には直接的な影響は及ばない、と判断したのではなかろうか。

衆議院議員に転身した津島文治は、6月5日、津島派の西村町議会議長ら町議5人と会い、調停案を提示している。それは、「1、津島英治を町長の職から去らせて選挙をやり直す。2、津島、花田両氏は町政関与を一時やめ、新人を町長の座に就かせる」、といった内容であった。7日には、津島・花田両派は、文治の仲介案を検討したものの、結局、両派とも異議が噴出し、この提案が受諾されることはなかった。[20]

このように、元知事で現に衆議院議員となった津島文治の説得が功を奏しなかったのは、「津軽の殿様」の威信＝政治力が弱まった証左であり、県知事を辞任して長かった津島時代の終わりの始まりでもあった。なお、今回の選挙では、選挙情勢が不利だと見られた津島派が最後に多額の資金を投入した事実を忘れてはならない。

最後にその点について触れておく。津軽選挙の実態に詳しい高橋興は、その著作の中で、4月19日の金木町選挙でもカネがバラまかれたと、津島派による金権政治の事態をなまなましく紹介している。

「とりわけ劣勢が伝えられた（津島）英治側では、関係者の証言によれば、400万余円の現金を用意し、それをほとんど500円札に替え、運動員に持って歩かせた[21]」。

その際、英治の長兄・文治の指示があったかどうかは知らない。ただ、旧態依然とした選挙戦が展開されたことだけは、指摘しておきたい。

〈注〉

(1) 津島英治は、1900年金木町に生まれる、専修大卒、青森銀行金木支店長、金木町教育委員長を務める。1958年金木町長、兄は県知事の津島文治、弟は作家の太宰治、1970年死去（『青森県人名大事典』〔東奥日報社、1969年〕792〜793頁。高橋興『津軽選挙―地方政治における権力の構造』〔北の街社、1987

年〕120頁)。

(2) 花田一は、1919年金木町に生まれる、五所川原農学校卒、小学校教諭などを歴任、1947年金木町議、1951年金木町長、1959年県議当選、7期を務める、高校PTA全国連合会会長、1995年死去(前掲書『青森県人名大事典』566頁)。

(3) 『陸奥新報』1958年5月22日。

(4) 『東奥年鑑　昭和33年版』〔東奥日報社、1958年〕28頁。藤本一美『戦後青森県政治史　1945年〜2015年』〔志學社、2016年〕91頁。

(5) 津軽地方では、ひとたび選挙となるや有権者は仕事そっちのけで、選挙運動にかかりきりになる者も少なくなく、当然ながら金銭が飛び交う。1958年4月19日の金木町長選挙でも多額の現金が動いた(高橋、前掲書『津軽選挙―地方政治における権力の構造』123頁)。

(6) 工藤睦男「金木町」『青森県百科事典』〔東奥日報社、1981年〕311〜312頁。

(7) 木村良一『青森県の政治風土』〔北方新社、1997年〕37頁。

(8) 「金木町長選挙不正事件」二葉宏夫『青森県の事件55話』〔北方新社、1983年〕193頁。

(9) 高橋、前掲書『津軽選挙―地方政治における権力の構造』118〜120頁。

(10) 二葉、前掲書『青森県の事件55話』192頁。

(11) 高橋、前掲書『津軽選挙―地方政治における権力の構造』127頁。二葉、前掲書『青森県の事件55話』194頁。「選挙会」とは、公職選挙法第80条1項に基づき、すべての開票管理者から投票の点検終了後の結果報告を受けた日またはその翌日に、選挙長が開く会をいう。この会で選挙長は、選挙立会人の立ち会いのうえで、開票管理者の報告を調査、各公職の候補者の得票総数を計算し、当選人を決定する(『ブリタニカ国際大百科事典』〔ブリタニカ、2014年〕を参照)。

(12) 高橋、前掲書『津軽選挙―地方政治における権力の構造』135頁。二葉、前掲書『青森県の事件55話』194頁。

(13) 二葉、前掲書『青森県の事件話55』195頁。

(14) 木村、前掲書『青森県の政治風土』39〜40頁。

(15) 『東奥年鑑　昭和34年版』〔東奥日報社、1959年〕82頁。

(16)「社説：町民の良識を疑う」『陸奥新報』1958年4月22日。
(17)「社説：みにくい金木町の政争」『東奥日報』1958年4月23日。
(18)『青森県議会史　自昭和28年〜至昭和34年』（青森県議会、1961年）636〜638頁。
(19)『毎日新聞・青森版』1958年5月25日。
(20) 杉本仁『民俗選挙のゆくえ—津軽選挙vs甲州選挙』（梟社、2017年）48頁。
(21) 高橋、前掲書『津軽選挙—地方政治における権力の構造』123頁。

2、鰺ヶ沢町長選挙―2人町長事件

⑴はじめに―問題の所在

西津軽郡鰺ヶ沢町において、１９７１年４月25日、町長選挙が行われた。これには、３人が立候補したものの、実際には、現職の中村清次郎町長（72歳）と元県議で開業医の鈴木泰治（63歳）の一騎打ちとなり、投開票の結果、中村候補が５２３３票、鈴木候補が４７５５票を獲得、中村町長が４７８の票差で再選された。翌26日、町選管は須藤章文選管委員長名義で中村清次郎の当選を告示、同人に当選証書を交付した。激戦を反映して投票率は、89・３％に達した[(1)]。

しかし、４月30日になって、鈴木派の運動員で町議の工藤精一から「第17投票所（建石小学校）の３００票は同一筆跡で明らかに投票増減の行為があったものと思われる。従って選挙結果は逆転する」との異議申し立てが町選管に出された。町選管は５月２日、鰺ヶ沢署員立ち合いの下で、中村票を点検した結果、同一筆跡のものが８６０票あったと認定、このうち代理投票分として２６７票を差し引き、残りの５９３票が無効であると決定した。その結果、鈴木候補は４７５５票、中村候補は４６４０票となり、鈴木票が115票多く当選者が逆転した。須藤選管委員長は、直ちに鈴木泰治に当選証書を交付した。ここに、2人の町長が誕生したのである。[2]

これに対して、中村候補は5月6日、県選管に「鈴木氏を逆転当選とした町選管の決定は違法である」旨の異議申し立てをした。県選管は町選管に対して、鈴木に交付した証書は法律上無効であると指導した。だが、須藤町選管委員長はこれを無視して「選挙会」[3]を開催、鈴木を正式な当選者と決め、その後で、2日に交付した証書を取り戻し、改めて新しい当選証書を交付した。[4]

中村町長の任期は5月9日で切れるものの、中村、鈴木候補の両方に当選証書が交付されたことから、10日の初登庁日に「両町長」がハチ合わせとなることが予想され、全国のマスコミの注目を集めるところとなった。ただ、実際には、中村町長のみが登庁しただけで、鈴木の方は法治国民として青森地裁の仮処分決定に従うとの理由で登庁を見合わせ、混乱は避けられた。というのも、中村派が5月6日、青森地裁に職務執行妨害排除の仮処分を申請しており、8日には、青森地裁は中村派の提起した仮処分を認め、鈴木が町長として町役場、町立中央病院に立ち入ることを禁じる旨の決定を下していたからである。[5]

この〝2人町長事件〟に関しては、県警が捜査に乗り出し、6月1日、須藤章文・町選管長、宮形忠造・委員、および工藤光雄・補充員を投票増減の容疑で逮捕、事態は急転した。須藤委員長らの自供に伴い、票の抜き取りを指示したと見られた元舞戸村長の中村元吉・町議を含む鈴木派後援会（竹風会）の幹部が逮捕され、共同謀議による投票偽造・増減の全容が明るみにされた。[6]

須藤町選管委員長や選管委員3人、鈴木派選挙参謀の本田由松ら運動員5人は公職選挙法違反（投票増減罪）に問われ、1974年7月、1審の青森地裁弘前支部は8人全員に、懲役3年から1年6カ月の実刑をいい渡した。１９７６年３月、仙台高裁秋田支部も１審判決を支持、被告側の控訴を棄却した。そのため上告したが、１９７７年３月７日、最高裁は１審、２審の判決を支持、上告を棄却し８人の実刑判決が確定した。[7]

以下、本節では、戦後青森県の政治的事件の１つとして、この鰺ヶ沢町２人町長事件を詳細に見ていこうと思う。前半では、鰺ヶ沢町の歴史と前回の町長選での不在者投票不正事件に言及し、後半では、２人町長事件の経緯を辿り、最後に、津軽選挙を生みだす背景を検討する。

⑵鰺ヶ沢町と町長選挙不在者投票不正事件

鰺ヶ沢は日本海に面した西津軽郡の中心地で、かつて郡役所が置かれていた。明治時代の１８８９年４月１日、町村制の施行により、田中町、七ツ石町、米町、本町、浜町、新町、釣町、漁師町、新地町、富根町、および淀町が合併して鰺ヶ沢町が発足した。戦後の１９５５年３月31日には、鰺ヶ沢町は赤石村、中村、鳴沢村、舞戸村と合併、改めて鰺ヶ沢町が発足した。合併時の人口は、２万２６６４人を数え、面積は３４０平方キロメートルであった。

鰺ヶ沢という地名は、１５３６年刊行の『津軽郡中名字』に見られるように、歴史の古い村である。弘前藩の外港として奉行所が設置されるなど、西回りの千石船の往来で栄え、江戸時代には、津軽四浦（十三、青森、深浦、鰺ヶ沢）の１つに数えられていた。明治以降は、漁業に活路を見出したものの、衰退の一途を辿り、現在では山麓の開発と商港としての発展に夢を託している。[8]

上で述べたように、鰺ヶ沢町の歴史は極めて古く、１４９１年に津軽藩の始祖・大浦光信公が種里に入部したことから、津軽藩発祥の地ともされている。藩政時代には、津軽藩の御用港として栄え、北前船の往来で繁栄を極めた。１９７５年の時点で、人口は１万８０８６人、面積は３４０・92平方キロメートルであった。だがその後、人口流出が止まらず、２０１７年には、人口が９７１２人に減少。主たる産業は漁業と農業で、過疎地域と化した。(9)

鰺ヶ沢町は従来から、政争の激しい町として知られ、２人町長出現の以前にも、町長選をめぐり、不在者投票制を悪用した事件が発生している。(10) 実際、１９６７年４月28日、鰺ヶ沢町で町長選挙が実施され、選挙は現職の中村清次郎と新人の一戸正太郎（旧中村長）との対決となった。投開票の結果、中村候補が５６６２票、一戸候補が５５７４票で、中村候補が88票差で一戸候補を制して勝利した。

ところが、①町選管委員４人のうち、３人が中村派だった、②投票・開票従事者が全員役場職員と中村派であった、③開票時間が異常に長かった、④開票が行われた中央公民館の一室に内鍵をかけた人物が隠れていた、など噂もまじり、「不正選挙ではないか」との声が高まった。そこで県警が捜査した結果、選挙後行方をくらました中村派の参謀で、役場秘書課の大塚助他３係長を含む12人（中村派９人、一戸派３人）を逮捕、２３０人を取り調べたところ、強要、詐欺、および買収により農村部の老人や婦人を不在者として不正に投票させていたことが、明るみに出た。一戸派から7件の異議申し立てが出されたものの、町選管はこれを棄却、また県選管も「選挙は有効、当落は逆転しない」と裁決した。(11)

(3) ２人町長の出現

その４年後の１９７１年４月25日に実施された鰺ヶ沢町長選挙に立候補したのは、現職の中村清次郎、元県議の鈴木泰治、および菊谷三郎であった。しかし、実際には、「愛町会」（田澤吉郎・衆議員系）の中村候補と「竹風会」（竹内黎一・衆議員系）の鈴木候補との対決であった。この町長選挙は怨念の対立でもあった。何故なら、前回の１９６７年の町長選も現職の中村と新人の一戸が争い、接戦の末、田澤系の政治団体である「愛町会」の中村候補が僅か88票差で再選されていたからである。今回は中村の対抗馬は鈴木泰治に入れ替わったものの、対立図式は変わらず、津軽の２大派閥である「田・竹」両派の対決となった[12]。

４月25日に行われた町長選挙の結果は、中村候補が５２３３票、鈴木候補が４７５５票、菊谷候補が１２１８票であり、選挙会で中村候補の当選が決定した。翌26日、町選管は中村候補の当選を告示、当選証書を交付した。

しかし、４月30日、鈴木派から第17投票所での中村候補の得票中約３００票が無効であるとの異議申し立てがなされた。５月２日、須藤町選管委員長は委員会を再開、投票用紙の再点検を実施した。その結果、当選した中村票から５９３票を同一筆跡による詐偽投票として無効であると決定、中村候補の有効投票を４６４０票として鈴木候補（４７５５票）の当選を宣言した。須藤委員長は委員会終了後、鈴木候補に当選証書を交付、５月４日、須藤委員長名で鈴木候補の当選を告示、中村候補に対して当選無効通知書を郵送した。当選証書は中村と鈴木両候補の２人に渡されたことになり、いわゆる「２人の町長」が出現したわけである[13]。

鈴木候補の当選が告示された５月４日、古川県選管事務局長は、鰺ヶ沢町長選の当選逆転事件について、次のような見解を発表した。

1、2日夜、鰺ヶ沢町選管が中村清次郎氏の当選を取り消し、鈴木泰治氏に当選証書を交付したのは正式の選挙会の手続きを踏んでいないので無効である。したがって、なんの意味もない1枚の紙きれにすぎない。

1、しかし、2日夜の町選管の鈴木派異議申し立てについての決定は形式上の手続きに違法はないので正当であると認める。ただし、中村派からさらに異議申し立てがあれば県選管が独自の立場から再調査することになろう。この場合は中村派だけでなく鈴木派、菊谷派全部の票の再点検を行い、必要があれば、筆跡鑑定もありうる。

1、4日に町選管の神事務局長を呼んで事情を聞いたが、6日には須藤委員長からも話を聞くことにしている。(14)

県選管は、5月6日、須藤町選管委員長をはじめ、全委員と補充員を青森市に呼び、5月2日の町選管の決定は違法でしかも無効である旨を伝え、鈴木候補に交付した当選証書の撤回を要請した。しかし、須藤町選管委員長はこれを拒否。県選管に手続き違反を指摘された須藤町選管委員長は、7日、再度選挙会を招集、当選者の中村の当選を取り消し、次点の鈴木の当選を決め、改めて当選証書を交付したのである。(15)

県警本部は翌8日、鰺ヶ沢町選管から押収した投票用紙を鑑定していた。その後、当選した中村清次郎の得票のうち、〝同一筆跡593票は無効〟と告発のあった分については偽造されていない、と発表した。一方、青森地裁は中村清次郎から申請されていた職務執行妨害排除についての仮処分に関して、「鈴木泰治氏は町長として役場と鰺ヶ沢町立中央病院に立ち入ることはできない」旨の決定を下し、直ちに、鈴木泰治に対して仮処分の決定の正本を速達で郵送した。なお、効力は10日から中村・鈴木両派が出している異議申し立ての裁定が最終的に決まるまでの期間である。また県警本部では、この青森地裁の決定に基づき、鈴木候補が仮に10日以後、町長の資格で役場内に入った場合は、直ちに「住居侵入罪に問われる」と警告を発し、警告が無視された事態が生じた場合には、業務妨害罪で逮捕する方針を固めた。(16)

以上で述べた経緯もあって、新町長の初登庁日となった5月10日、鈴木泰治は青森地裁の仮処分決定を受けいれたので、最終的に、2人の町長が登庁するといった異常事態は避けられたわけである。

2人町長事件が落選候補者と町選管ぐるみの「共同謀議」として全国的に有名となったのは、この事件により多くの逮捕者を出したからにほかならない。6月1日、県警捜査2課は、去る5月2日に町長選投票用紙の再点検を行い、鈴木候補の逆転当選を決めた須藤章文・町選管委員長ら3人を公職選挙法違反(投票増減罪)で逮捕。捜査2課はその後、竹風会幹部の町議8人を逮捕し、都合11人の逮捕者となり、このうち須藤委員長ら8人が起訴され、既述のように、1977年3月18日、最高裁で8人の実刑が確定した。(17)

⑷おわりに

鰺ヶ沢町長2人事件を詳細に追った高橋興は、「本件はマスコミの発達もあって、……全国的な話題となり〝津軽選挙〟の名を決定的なものにした」、と指摘している。(18)

同じく、この事件を取り上げた二葉宏夫は、「奇想天外な2人町長事件も、その全容が解明されてみると、やはり金木町長選挙不正事件と同じく、人格が高潔で、政治及び選挙に関し公正な識見を有するもの(地方自治法第182条第1項)として町議会が選出した選管委員が、その生みの親であった」、と断定している。[19]

また、政治学者の木村良一も、「ここでも公正中立であるべき選管が自ら不正に加担したことで、再び全国ニュース」になったと述べている。[20]

全国でも珍しい2人町長の出現にゆれた鰺ヶ沢町では、現在、何事もなかったように日常生活が営まれ、住民はこの事件を口にすることはない。しかし、町を二分したこの不正事件は、ふたたび発生するかもしれない。政争の町鰺ヶ沢は全国に津軽選挙の町として知られたのは遺憾である。[21] なお、鰺ヶ沢町2人町長事件が起こった1971年6月、津島文治は参議院通常選挙で2期目の当選を果たしている。青森地方区選出の津島は、東京・永田町の国会で同僚たちからこの事件を問われて、何と説明したのであろうか。

〈注〉

(1)『陸奥新報』1971年4月26日。高橋興『津軽選挙―地方政治における権力の構造』〔北の街社、1987年〕192頁。

(2) 同上、196～199頁。二葉宏夫『青森県の事件55話』〔北方新社、1983年〕222頁。

(3) 前節で紹介したように「選挙会」とは、公職選挙法第80条1項に基づき、すべての開票管理者から投票の点検終了後の結果報告を受けた日またはその翌日に、選挙長が開く会のことだ。この会で選挙長は、選挙立会人の立ち会いのうえで、開票管理者の報告を調査、各公職の候補者の得票総数を計算し、当選人を決定するのである（『ブリタニカ国際大百科事典』〔ブリタニカ、2014年〕を参照）。

(4)『新聞記事に見る青森県日記百年史』〔東奥日報社、1978年〕859頁。中川義隆「鰺ヶ沢町の2人町長事件」『青森県百科事典』〔東奥日報社、1981年〕49頁。

(5) 二葉、前掲書『青森県の事件55話』222頁。

(6) 高橋、前掲書『津軽選挙―地方政治における権力の構造』205～206頁。この事件の経緯については、過去の鰺ヶ沢の町長選挙を含めて高橋の著作に詳しい。
(7) 前掲書『新聞記事に見る青森県日記百年史』８５９頁。
(8) 工藤睦男「鰺ヶ沢町」、前掲書『青森県百科事典』49頁。
(9) 「社説：また起きた〝鰺ヶ沢騒動〟」『東奥日報』１９７１年5月4日。
(10) 高橋、前掲書『津軽選挙―地方政治における権力の構造』１５７～１７３頁。
(11) 中川義隆「鰺ヶ沢町長選挙不在者投票不正事件」前掲書『青森県百科事典』48～49頁。詳細は高橋、前掲書『津軽選挙―地方政治における権力の構造』１７７～１８０頁を参照。
(12) 木村良一『青森県の政治風土』〔北方新社、１９９７年〕43頁。津軽地方の旧青森2区では、１９６０年代から、自民党の田澤吉郎・衆議院議員と、同じく自民党の竹内黎一・衆議院議員が、衆議院総選挙で火花をちらした戦いを展開。田澤派と竹内派は、知事選、市町村長選、県議選および市町村議選で対立、派閥を津軽一帯にめぐらせていた。今回も田澤・竹内両派の戦いとなった〔藤本一美『戦後青森県の保守・革新・中道勢力―青森県選出の国会議員』〔志學社、２０１７年〕を参照〕。
(13) 『東奥日報』１９７１年5月3日、5月3日（夕）、5月4日。高橋、前掲書『津軽選挙―地方政治における権力の構造』１９９頁。
(14) 『東奥日報』１９７１年5月5日。
(15) 同上、１９７１年5月8日。
(16) 同上、１９７１年5月9日。
(17) 高橋、前掲書『津軽選挙―地方政治における権力の構造』２０４頁。木村、前掲書『青森県の政治風土』45頁。
(18) 高橋、前掲書『津軽選挙―地方政治における権力の構造』１４６頁。
(19) 二葉、前掲書『青森県の事件55話』２２５頁。
(20) 木村、前掲書『青森県の政治風土』46頁。
(21) 二葉、前掲書『青森県の事件55話』２２１頁。

3、中里町長選挙―開票所乱入事件

(1)はじめに―問題の所在

１９７５年４月27日、北津軽郡の中里町において町長選挙が行われ、無所属現職の塚本恭一（56歳）町長と、同じく無所属新人の医師井沼洋三（46歳）との一騎打ちとなった。投開票の結果、塚本候補が４７５６票を獲得、井沼候補（４４５４票）を３０２票の僅差で破り、再び町長に当選した。

ところが、町選挙管理委員会（以下、町選管と略す）が最終結果を発表した午後９時過ぎ、傍聴人の騒ぎが始まった。町選管は開票前に発表した投票率95・１％を96・４％に変更。さらに有効投票のうち、１票を無効票に加えると訂正したことから、敗退した井沼派の傍聴人がエキサイトして騒ぎ出した。

このため、金木署は署長以下28人を出動させたものの、騒ぎを制止することができず、五所川原署、および県警機動隊にも出動を要請、約１００人の警察官が町民を排除、また井沼候補自身も支持者のなだめに入り、午前零時過ぎに騒動はようやく沈静化した。

騒動は、70人の傍聴人が「町選管の数字は信用できない」と騒いだことから大きくなったのである。町選管が投票用紙を再点検し始めたところ、詰めかけていた約５００人の町民の怒号とヤジが飛ぶなかで、興奮した一部の町民が開票場に乱入して占拠、投票用紙を積んだ台をひっくり返し、これを足蹴にするなど大暴れをした。この間、約3時間にわたって開票場が興奮した暴徒たちによって完全に占拠され、公職選挙法違反で2人が警察官に逮捕される事態となったのである。

こうした事態を受けて、町選管は28日、紛争の仲介に入った町議会議員の代表に「近日中に再選挙を行う」という確約書を出してしまった。しかし、これについては、県選管が再選挙は無効であるとの見解を示し、選挙施行の取りやめを説得した。結局、町選管は指導通りに再選挙を中止、5月2日に選挙録を作成、塚本町長の当選を告示した。[1]

一方、これを不満として井沼派は5月8日、町選管に選挙無効の異議申し立てを行ったが、6月5日に棄却された。そこで12日に、今度は県選管に審査申立書を提出した。だが、同選管も9月26日、これを棄却し、5ヵ月ぶりに中里町長選挙事件は終止符が打たれた。

4月28日、金木署に設置されていた特捜本部は7月6日に解散するまで、公職選挙法第２２９条（選挙騒擾罪）などで19人を逮捕・送検、青森地裁はこのうち14人を起訴した。翌１９７６年1月26日、同地裁は判決公判を開き、10人の被告に対して求刑通り懲役1年6ヵ月から5ヵ月（いずれも執行猶予3年）の判決を言い渡した。[2]

戦後青森県で生じた政治的事件の1つとして、以下にこの中里町長選での開票所乱入事件を詳しく見ていく。この事件は、またもや〃津軽選挙〃が出現したものだと、全国の注目を集めた。町選管が開票中に、多数の傍聴人が暴れ、乱入して投票箱を破壊、投票用紙は散乱した。厳正・中立であるべき開票所に、選管の関係者以外の者が乱入するなどあってはならないことで、法律体系と選挙制度を全く無視した、一部町民の暴徒と化した無法な振るまいは強い批判にさらされた。

⑵中里町長選挙

中里村は１８８９年の町村制施行で、深郷田村、大沢村、宮野沢村、および宮川村の各村と合併して中里村と称した。その後、１９４１年9月１日、町制を施行して中里町となり、戦後１９５５年3月１日には、中里町、武田村、内灘村の3町村が合併して、中里町となった。１９７５年の時点で、中里町の人口は1万４２４８人、面積は１５０・14平方キロメートルであった[3]。

中里町は、近世初頭に開田が進んだ地域の１つで、中期が最盛期であった。開拓者の多くは能登地方から来たという。中里町はかっては湿地帯が多く、冷害、水害に悩まされた地域であった。だが、第2次世界大戦以降、「十三湖干拓事業」が着手された後は、大きく変容し、一大穀倉地帯となった。中里町は現在、米生産のほかに、ヒバの集散地としても有名である。

中里町は、青森県津軽半島の中央部の北津軽郡に位置する町であった。しかし、２００５年3月28日、小泊村と新設合併し、「中泊町」の一部となっている。廃止された時点で、人口は1万３８４人（２００５年3月1日・推計人口）であり、主たる産業は、農業、林業の第1次産業である。中里町はまた、五能線の五所川原駅を起点とする津軽鉄道の終点駅であり、津軽平野北部の要衝でもある[4]。

先に述べたように、問題の中里町の町長選挙は、１９７５年4月27日、統一地方選挙の一環として行われた。この町長選は、4選を目指す現職町長の塚本恭一と新人であるが父の代から開業医を営む井沼洋三との戦いとなった[5]。

注意すべきは、中里町の町長選挙について、その前哨戦として、すでに投票日前に投票用紙の印刷をめぐり塚本派と井沼派との間で確執が生じていたことである。町選管は、投票用紙を青森市にある印刷会社に発注し印刷させたところ、投票日3日前の4月24日夜、発注していた印刷会社の重役に、井沼派の近親者がいたことが判明。塚本派は、それを不満として印刷用紙の刷り直しを主張した。そこで、町選管は五所川原市にある印刷会社に刷り直しを依頼した。一方、井沼派はあくまで、印刷済み投票用紙の使用を主張。町選管は井沼派の要求を入れて、青森市での印刷会社の投票用紙を使用することにした。「このような町選管の優柔不断の措置は、かえって両派の選管不信に油を注ぐ結果となった」点は否めない[6]。

津軽地方では、選管が発注した投票用紙のほかに、それに似せた投票用紙が出回るという奇怪な事件がしばしば発生しており、そのため、投票用紙が何処の印刷会社に発注するかは、極めて微妙な問題であった[7]。

投開票日当日、投票は順調に進んで終了、開票は午後7時から中里小学校の体育館で行われた。町選管では、事前に傍聴人を280人に制限していたものの、開票所内外に続々と町民が集合し、緊張した面持ちで開票作業に注目していた。午後9時過ぎに開票作業は終了し、選挙長が結果を発表。塚本恭一候補が4756票を、一方、井沼洋三候補が4454票を獲得、302票差で塚本候補が当選した。

(3) 開票所乱入

冒頭でも述べたように、町選管は、開票結果の発表にあたり、先に公表した投票率95・1%を96・4%

に変更、さらに有効投票のうち1票を無効票であったと訂正した。この町選管の単純ミスに乗じて、敗戦で意気消沈していた井沼派町民が〝不正選挙だ〟、と騒ぎだした。

井沼派の抗議に屈した町選管は、投票用紙の再点検を始めた。しかし、その間に不正選挙の噂が町中に広がり、駆けつけた塚本、井沼両派の支持者で、開票所の傍聴人は500人にまで膨れあがった。傍聴席からは間断なく野次、罵声、および怒号が飛び交い、それがまた傍聴人を刺激し、開票会場の体育館内は異様な興奮状態に包まれた(8)。

午後10時30分頃、警察官と傍聴人との間で小競り合いが生じ、4、5人が開票所に乱入、それを見た数百人の傍聴人がなだれ込み、館内は狂乱状態となった。暴徒は開票作業台をひっくり返し、投票箱を打ち砕き、投票用紙をやぶって踏みつけ、大混乱となった。しかも、暴徒は工藤武美・選管委員長と野上辰生・代理を殴りつけるという狼藉も働いた。このため、工藤選管委員長は金木警察署に保護を要求、県警機動隊が出動した。その夜は、午前1時過ぎ、井沼候補自身の説得と機動隊の制圧により、騒動は一時的に収まった(9)。

27日夜の開票所への傍聴人乱入事件は、町選管の手落ちがきっかけとなったといってよい。つまり、投票率訂正後、投票用紙の再点検を要求した傍聴人代表を開票作業場へ入れて点検したことから、騒動に拍車がかけられたのは間違いない(10)。

問題なのは開票所乱入事件が、その後も尾を引いたことだ。翌28日午前7時頃、井沼派の町民300人が役場前に集合、そして10時頃に町民大会を開催して、町長選挙は無効であるなどと決議したのである。一方、県警本部と金木署は、特捜本部を設け、投開票所となった中里小学校体育館の現場検証を始めた。

正午頃、井沼派町民が現場検証の行われていた体育館に押しかけ、残っていた選管委員を閉じ込めて封鎖、選挙無効を叫んで騒然となった。このような状態の下で、町民代表と井沼派有志に監禁されていた選管委員との間で交渉が行われたのである。

だが、それは決裂し、野党議員と選管委員全員が午後6時すぎまで話し合あった。疲労困憊した選管委員全員が、再選挙を行う趣旨の書面に署名をしてしまったのである。しかしその後、県選管の説諭が奏功し、町選管は5月1日、選挙結果を告示し、塚本候補に当選証書を交付した。そのため、最悪の事態は避けられた。(11)

井沼派からは、選挙無効の異議申立書が町選管に提出されたものの、町選管は棄却した。そこで、県選管に裁決を申し出た。だが、県選管の方は、傍聴人が乱入する前に、すでに「選挙会」自体が終了しており、しかも正規の手続きで票が確定していたこと、また、票の再点検は法律に依拠したものでないため、傍聴人乱入で再度票の点検が不可能となったとしても、選挙会の終了に影響を与えるものでないとして、これを棄却した。(12)

事件関係者たちはそれぞれ、次のように弁明しているので紹介しておこう。それは、全くといってよいほど、腑に落ちない話に終始している。

塚本町長……全くひどい話だ。再選挙するという理由が分からない。工藤委員長と秋元委員から自宅へ電話がきたが、「再選挙はだめだ。私の当選は県選管でも認めている」と、きっぱりと断った。騒ぎを収める手段として再選挙するのは納得がいかない。私は当選証書を受け取っていないが、町長に当選したと思っている。

井沼氏……今回の選管決定でこれまでの町のウミを出した。選挙のたびに不正が行われていたことを立証したものだ。再度立候補するかは、関係者とよく相談して決める。

工藤選管委員長……このままの状態では騒ぎが大きくなるばかりなので、事態収拾策としてやむなく町長選と町議補選の再選挙を行うことにした。むろん、町長選には不正行為はないが、町議補選では票の混入があったので無効と認めてやり直しに同意した。[13]

⑷おわりに

この中里町長選の開票所乱入事件では、公職選挙法第２２９条に基づく騒擾罪で、町民19人が逮捕され14人が起訴された。青森地裁は、翌１９７６年１月26日の判決公判で10被告に求刑通り、懲役刑を言い渡した。ただ、いずれも執行猶予つきであった。

傍聴人の開票所乱入について、地元紙の『東奥日報』は、社説「情けない中里町の選挙」の中で、法制度への挑戦だと次のように批判した。

「選挙人が自らの権利を土足で踏みにじった許しがたい行為である。天にツバするとはこのことである。これでは法律も制度もあったものではない。否、法や制度への公然たる挑戦ではないか。このようにいたった原因、動機はもはや問うところでない。警察当局は公選法第２２９条ないし、30条によって断固たる措置を取らねばならない[14]」。

同じく地元紙の『陸奥新報』も社説「中里町の開票所騒ぎと選挙管理」の中で町選管の開票管理について、次のように苦言を呈している。

「今回の中里町事件を考えるとき、選挙管理委員会の体質を改めて見直されるべきだと思う。地方自治法では、〝選挙管理委員会は地方公共団体その他公共団体の選挙に関する事務およびこれに関係ある事務を管理する〟とある。これは投票、開票の管理はすべて選挙管理委員会の責任である、ということであり、管理とは正しい選挙が行われることを指すのである。この点、選挙事務管理に〝手抜き〟がなかったかを点検する必要があろう(15)」。

一般に、〝津軽選挙〟と称されているものは、公正中立であるべき選挙管理委員会、いや選管の委員長がどちらかの陣営に加担し、選管ぐるみの選挙違反を犯すところに特徴がある、ともいわれている(16)。「選管を制するものが選挙を制する」、と揶揄されてきたのである。

しかし、今回の中里町長選挙の開票所乱入事件について、二葉宏夫・弁護士は、次のように選管の役割を評価し、津軽選挙ではなかった、という。

「この騒動の経過で、町選管が一応その中立性を護持し、最後には毅然として井沼派の選挙無効を排除したのは、これまでの津軽選挙と異なり、県民の宿願である〝津軽選挙追放〟に一抹の希望を与えたといえよう(17)」。

一方、津軽選挙の実態に詳しい高橋興は、次のように断言する。「結果論だが、〝津軽選挙〟といわれるような事件を分析してみれば、選挙事務局が選挙法令に精通し、法令に従って毅然たる態度で事務を執行すれば、事件を未然に防ぎ得たであろうと考えられるケースの多さには驚くほどだ」と指摘、その上で「昭和50年4月に起きた北津軽郡中里町長選挙開票所乱入事件は、選挙の公正さに対する住民の不信感の爆発である」と。[18]

なお、今回の騒動の背景について、『東奥日報』もまた、次のように、町選管の行動は、救いがたく困ったものであると糾弾している。

「今度の中里事件、選管に対する不信感が底流にある。投票用紙の印刷問題から端を発し、疑心暗鬼となった町民が選管を監視するといった異例の事態。暴動の引き金になった開票後の投票率の訂正……。開票当夜の熱気と群集心理に踊った面もあるにはあるが、選管への根深い不信がなかったなら、おそらくこれほどまでエキサイトしなかったのではないか[19]」。

選挙の準備・投票・開票などの一連の作業において選管が中立であるのは、ごく当たり前の話である。傍聴人が開票所に乱入して、騒動を犯すのでは、法治国家として意味をなさない。そうした不正な行動が全国に伝えられて、青森県はまたもや、大きな醜態をさらした。このような事態を、世の親たちは子供に一体何と説明するのであろうか。学校教育の現場で、選挙と開票過程について「公明正大さ」の重要性を生徒に教えたとしても、その模範となるべき大人がこの有様では話にならない。改めて有権者への政治教育が必要である、と考える。

地方選挙、特に首長選挙の結果は、市役所、町役場、村役場の利害関係者にとって死活的問題である。中里町の現町長・塚本は3期12年間、権力の座に君臨し、利権をほしいままにしていたのである。いわば、長期政権が、激しい政争を招聘したことを忘れてはならない。

それではどうすればよいのか。例えば条例でもって、米国の大統領のように、任期を2期8年（連邦憲法修正第22条＝大統領3選禁止）にすることも考慮してよいのではないか。権力の座に同一人物が長期間居座ると、不正や不満が生じやすいのは世の常である。

このような選挙決定に関わる不正が生じた背景と要因は、一体何なのかと問いたい。津軽選挙という言葉は、今日ではよく知られている。それは一言でいえば、法律体系や選挙制度を無視した無法な行為につきる。「選管を制するものは選挙を制する」といわれるが、それは、全く論外な屁理屈に過ぎない。近代国家は法治国家であって、国民の代表が決めた法律を無視するのであれば、「民主主義（デモクラシー）[20]」は形骸化し、政治社会は成り立たなくなる。

津軽地方、なかでも「西北五」地域の有権者たちは、何故このような法律や選挙制度を無視した無法な行動に出るのであろうか？　そこには当然、それを生み出す背景と要因があるはずだ。最も一般的な解釈は、青森県、ことに津軽地方の貧困が根にあるという、いわゆる〝経済的要因〟説である。弁護士の二葉宏夫は、この点を次のように説明する。

「零細な漁業と農業のほかこれといった産業もなく、町民の生活自体が町の財政や各種役職に依存している面の多い町では、以前から政争が激しく、とくに町長選挙ともなれば手段を選ばない熾烈な選挙戦が展開されるのが常で、この昭和46年4月の（鰺ヶ沢町）選挙もその例外ではなかった」[21]。

つまり、津軽選挙の背景として、第1に経済的要因を挙げている。また津軽選挙の実態に詳しい高橋興も、同様な意見である。次のように説明する。

「半年近くを雪に閉じ込められる厳しい自然条件の中で生きる津軽人の生活は苦しい。経済的に見ても、青森や弘前などの都市部を除く町村には従業員１００名をこえるような企業らしい企業はほとんどなく、……男子労働者をほとんど必要としないものばかりである。それゆえ、これらの町村において、主たる産業である農林水産業だけで食べて行けない人々が出稼ぎなどをせずに済むのは、役場や農・漁協などで働けるような極めて限られた場合だけである。

こうした事情は、商業や土建業などを営む人々にとっても全く同様で、町村内最大の顧客である役場の必要物資の納入業者となったり、役場の事業の請負業者などになることは、こうした地域で生き抜くために不可欠なことになる。そして、こうした就職や事業等にかかわる切実な願いが叶うのは、自分の支持する候補者が選挙で勝ち抜いて町村長になったときだけである[22]」。

しかし、ここで注意すべきは、貧しくて経済的に困窮しているのは、何も津軽地方に限らない、ということだ。同じ青森県でも南部地方も八戸市など一部を除けば、農業と漁業に依存する貧しい地方であることに変わりない。では何故、津軽地方のみが選挙にまつわる不正行為が絶えず発生するのだろうか？

この点について、政治学者の木村良一は、津軽の政治風土、より具体的にいえば、津軽人の気質を挙げている。

「津軽で選挙を激しくするのは、争いごとが好きで、他人の足を引っ張り、騒ぐのが好きなのである。……こうした争いごとの好きな津軽人の気質を高ぶらせるのに絶好の機会を与えてくれるのが選挙である。選挙はメシより好きだという人もいる。選挙は無銭飲食を許す。ただ酒を飲み、どの候補が強いかを議論して騒ぎ、最後は喧嘩となる。このエキサイトが選挙を激しくし、選管まで巻き込む無法選挙を許すことになる」[(23)]。

こうなると、選挙は一種の〝祭り〟にほかならず、娯楽が乏しい地方における人びとの楽しみとなっている、といってもよい。私自身は、津軽選挙の背景にある要因として、経済的貧しさ、津軽人の気質に加えて、津軽地方には独特の「社会的構成体（＝ムラ）」の成立事情がある、と考えている。それは社会的経済環境だと、いいかえてもよい。例えば、その多くが湿地帯であった津軽地方の新田開発は、土着の人だけの力では不可能であったので、日本各地で食いはぐれて流れてきた「移住民」たちで賄った。そのため、津軽地方の村々を構成する人々の出身地は雑多なものとなり、出身地を異にする、いわば〝吹き溜まり〟であった。他の県で見られるような、自然村といった共同体（コミュニティー）は津軽には存在しなかったのである。よそ者出身の無頼人の吹き溜まりが、生活のため自己主張して戦いながら生きる。それが選挙の際の行動に反映されているのではなかろうか。その意味で、津軽選挙は一面で、近代社会が形成した人間関係の縮図でもある[(24)]。

最後に、どうすれば、こうような選挙の不正をなくせるのか。この点について考えてみよう。『陸奥新報』は社説「またもや鰺ヶ沢町長選の前時代性」の中で、青年層は一体何をしているのか、と叱る。しかし、青年たちが成人や行政の側からも押さえつけられているのでは、どうしようもない。[25]私は、小中高校時代の日本史、世界史の授業が大切だと思う。教育の現場では、全く〝現代史〟を教えていない。選挙および政治の実態を教える時間を確保する必要がある。また模擬議会や議会見学の機会を増やし、政治の現場を生徒たちに周知徹底させるべきだと考える。それこそ多少時間がかかっても、選挙で不正を少なくする早道である。その意味で、「政治教育」が今ほど求められている時はない。[26]

この事件の2年前に、参議院議員であった津島文治は死去している。清廉一徹で通した津島は墓場の中で、津軽の中里町長選―開票所乱入事件をどのように眺めているのであろうか。津島文治は知事時代に青少年教育に多くの力を入れていたはずである。

津軽選挙の話題に深入りしたが、次章では、津島文治が展開した選挙（政見）公約に話を戻したい。

〈注〉

(1) 『新聞記事に見る青森県日記百年史』〔東奥日報社、1978年〕881頁。藤本一美『戦後青森県政治史1945年~2015年』〔志學社、2016年〕205頁。中里町は、青森県津軽半島の中央部に位置する町であった。しかし、2005年3月28日に小泊村と新設合併、中泊町の一部となったため廃止。

(2) 中川義孝「中里町長選挙開票所乱入事件」『青森県百科事典』〔東奥日報社、1981年〕657頁。

(3) 工藤睦男「中里町」同上『青森県百科事典』657頁。

(4) 同上。

(5) 塚本恭一は、旧制青森中学卒で、武田農協長、助役2期、町長3期を務めたベテラン政治家である（『陸奥新報』1975年4月28日）。塚本は3期12年間も町長の座に君臨。そのため、反対派から新たな人物を擁立して、自らの利権・立場を追求したとしても、おかしくなかった。
(6) 二葉宏夫『青森県の事件55話』〔北方新社、1983年〕231頁。
(7) 木村良一『青森県の政治風土』〔北方新社、1997年〕53頁。
(8) 二葉、前掲書『青森県の事件55話』231～232頁。
(9) 『陸奥新報』1975年4月29日。二葉、前掲書『青森県の事件55話』232頁。
(10) 『陸奥新報』1975年4月29日。
(11) 二葉、前掲書『青森県の事件55話』233頁。
(12) 木村、前掲書『青森県の政治風土』56頁。
(13) 『選挙やり直し約し―町選管が収拾策―現町長派は反発』『陸奥新報』1975年4月29日。
(14) 「社説：情けない中里町の選挙」『東奥日報』1975年4月29日。
(15) 「社説：中里町の開票所騒ぎと選挙管理」『陸奥新報』1975年4月29日。
(16) 木村、前掲書『青森県の政治風土』30頁。
(17) 二葉、前掲書『青森県の事件55話』233頁。
(18) 高橋興『津軽選挙―地方政治における権力の構造』〔北の街社、1987年〕235、236頁。
(19) 「ああ津軽選挙（1）」『東奥日報』1975年4月30日。
(20) ここでいう「民主主義（デモクラシー）」とは、とりあえず、国民多数の意志が政治を決定することをよいとする思想で、それを保障する政治制度あるいは政治運営の方式、と要約しておく。
(21) 二葉、前掲書『青森県の事件55話』221頁
(22) 高橋、前掲書『津軽選挙―地方政治における権力の構造』229頁。
(23) 木村、前掲書『青森県の政治風土』30～31頁。
(24) 1600年代に入ると、新田開発に熱心な弘前藩は、農民、浮浪者、流れものであっても一切身分を問わず、「領内はもちろん秋田・山形方面から募り、家屋の建設材料を与え、3ヵ年間の食糧や農具を給与して便宜を図った」。彼らは農家の次男・三男が中心で、開発用水の分配で争いを繰り返し（水喧嘩）、凶作の時は、「打ちこわし」で名

主や藩に抵抗している（中野渡一耕「近世　大規模な藩営新田開発」『図説　五所川原・西北津軽の歴史』（郷土出版社、２００６年）１３７頁。新谷雄蔵『五所川原市史』（津軽書房、１９８５年）61頁）。

津軽は共同体性の弱い地域で、家や村が残っていない。だから、個人を束縛する形が完成されておらず、個人と社会が強く関係づけられている（山下祐介・作道信介・杉山祐子編『津軽、近代化のダイナミズム―社会学・社会心理学・人類学からの接近』（御茶の水書房、２００８年）39頁）。

(25)『陸奥新報』１９７１年５月４日。

(26) 教育現場で、現代史を教えていない理由は、「日教組の活動」と関係している。「思想教育」の影響を恐れる教育現場では、政治問題に関して〝価値判断〟を避ける傾向がある。しかし、それでは教育にならない。筆者は、小中学校の段階から、現代史をしっかりと教示すべきだと、考える（詳細は、藤本一美「捨てるな１票―棄権は自らの権利否定」『東奥日報』２０１５年４月11日。藤本、前掲書『戦後青森県政治史　１９４５年～２０１５年』４５２頁、注(1)に収録を参照）。

また、公職選挙法で、「連座制」による罰則を一段と強化し、違反した関係者は永久に選挙に出させぬ措置も大事だ。実際、イギリスでは、あまりに不正な選挙違反（買収、飲み食い）が多かったので、１８８０年代に「選挙腐敗防止法」を制定、今では町や村から不正な選挙違反を一掃。不法な方法による選挙は何も、日本、否、津軽地方に限った話ではない。先進国を含めて世界共通の出来事である。その意味で選挙制度も「近代化」が必要だ。

さらに選挙違反の裁判にしても、ほとんど執行猶予つきが多い。もっと厳しい判決を下すことが肝要である。

第四章　選挙（政見）公約

岩木川

十三湖

津軽平野

1、はじめに

政治家は、しばしば「言語（ワード）」の使用如何によって生きるとも死ぬともいわれる。例えば、選挙の際に立候補者が有権者に示す選挙公約ないし政見放送などは、その最たるものである。また、先の衆議院総選挙（2017年10月）の時の、前原誠司・民進党代表と小池百合子・東京都知事との「排除」発言なども、代表的な事例の1つであろう。

それでは、政治家・津島文治は、いかなる選挙公約ないし政見を掲げて、選挙戦に臨んだのであろうか。それが第四章の基本的課題である。

ここでいう選挙公約とは、選挙の際に、立候補者が当選後に実行すると有権者に約束する事柄であり、特に、公職選挙では候補者自身が実行するテーマを有権者に約束する政策を指している。一方、政見とは、政治を行う上での候補者の見解・考え方をいう。

津島文治は大地主の倅という出自もあって、イデオロギー的には本来、保守的体質を有していた。しかし、津島は東京の早稲田大学政経学部で学び、最新の学問を修めたインテリでもある。普通に考えれば、彼のイデオロギーは、当時のリベラルな学説やマルクス主義の影響を受けたもの、と言えなくもない。それが津島自身の選挙公約ないし政見にどのように反映されているのかは、極めて興味深い。保守的色彩の濃い青森県において、津島は政治家として、いかなる選挙公約、つまり政治的な主張をして有権者を説得し、選挙で勝利を収めることができたのであろうか。津島の立場は、一般に「オールド・リベラルズ」といわれるものであったが、戦前、戦後を通じて、一介の政治家として歩んできた津島文治の選挙公約や政見の中味を検討することで、津軽が生んだ保守政治家の「思想的背景（バックボーン）」とその変容過程を探ってみることにする。

以下、県議選、衆議院選、知事選、および参議院選の順に、津島文治が有権者に示した選挙公約ないし立ち合い演説会での政見内容を検討する。なお、戦前は新聞の紙面が限られ、候補者自身の選挙公約や政見が取り上げられていない。したがって、その箇所については、議会での質問で補うことにする。

2、町長・県会議員選挙

津島文治が初めて本格的な選挙運動に身を投じたのは、金木町長に選ばれた時ではない。その時は、町議会で決まったのであり、特に選挙公約や政見の類は見当たらない。実質的な最初の選挙運動は、1927年9月25日に実施された県議会議員選挙の時である。津島は北津軽郡から県議選に政友会公認で出馬、3411票を獲得し、北津軽郡区においては最高点で当選した。

しかし、当時の新聞を探してみても、津島文治がどのような選挙公約ないし政見を有権者に披露したのかは不明である。そこで、県会議員に当選してから県議会での質問を中心に、津島の訴えた政策を検討することにする。津島は、1927年12月3日の第29回通常県議会で、初めての質問の機会を与えられ、次のように、青森県における産業の促進を県知事に質している。

津島文治は最初に、「産業立国は国家の一大方針である今日、明年度の勧業予算は例年に比して一層意義深いものと考える。当局も慎重研究の上提案したことと思う。私は勧業予算につき2つの見方をもっている。1つは過去に於いて奨励した事業で社会の推移から本県として余り適当ではないと認めたことにつきその恢復と発達を求むる場合と、他の1つは過去においても将来においても隆盛であると思われるもの及び発達の可能性あるものに対しますます発達を図るものである」と概説する。

その上で、「明年度予算は積極的であるが内容について遺憾な点がある。第1は養蚕である。第2は起毛機である。第3は馬耕である。第4は苗代である。……以上の問題はいずれも消極的であるが、これに反して県は重大なる問題を等閑に付している」と批判。

最後に「第1に産米の乾燥で昨日和田君の質問に対して県は何等の方策もないようである。第2は畜産で豚は肉として価値を認めている。県は如何にして増殖の方法を講ずるか。次に鶏は国立種鶏場ができたが、これについての県の方針を問う。つぎは兎であって民間で飼養するものが増加したのは奨励の好機会である。つぎに駒入川のことであるが、水下1000町歩の収穫を倍化するので重大な問題と考える。県はこれに対して如何なる所見を有するや」と結んでいる。[1]

津島文治は、新進気鋭の県議会議員として、北津軽郡地方の実態を踏まえ、農業問題に関連する質問を行い、農業に造詣の深い大地主の倅としての立場を鮮明にしており、極めて興味深い。津島は、五所川原農学校畜産科を卒業した、農業（特に米産と養鶏）の専門家であった。

次いで、翌年1928年11月29日、第30回通常県議会の一般質問において、津島は自ら思想的立場を明確に示して、思想善導対策を県側に質している。

「第1に思想善導に関してお尋ねしたい。今日の思想界の動揺は甚だしいものがあって、今にしてこれを防止しなければその弊害の及ぶところ憂慮すべきものがある。県でもこれについて近く県令を発すると聞いているが、これは一片の県令でもって支え得るものとは思われない。何らかの具体的、積極的方法を講ずるべきである。それには神職神官をして大いに活躍させる必要がある。わが県の神官を見渡すに中には老齢活動に堪えない人もいるが、識徳高い立派な人物が多々いる。これらの人の多くは代用教員、役場の書記などをやっているにすぎない。その原因は神官としての待遇、あるいは有為の人を思想善導に用いる方法が県にないからである。この思想善導をはかるには最も愛国心の強い、学徳のある神官を選んで活動させるのでなければ、一片の県令をもってしては不可能だと思う」と自説を展開している。

その上で、「次に警察費に新規模に約９万円の多額が計上されている。私の見るところでは警察の最大の欠点は所謂巡査の教養不足と常識にかけていることの２点にある。……第３は中学学校教員の待遇問題、……第４の勧業を見ると、新規計画の大部分は試験に要する設備費である。……収益のあがる肝心の問題を忘れている」と批判し、県が提示した歳入計画に疑問を投げている。[(2)]

以上の質問内容を拝見して理解できることは、津島文治が県議会議員として、青森県の産業発展のための諸政策と思想対策に主要な関心を抱いていることである。ただ、思想善導対策については、若干、国粋主義的色彩が感じられないわけでもない。

3、衆議院総選挙

津島文治は、1937年4月の衆議院総選挙に、立憲政友会（以下、政友会と略）公認で青森第2区から出馬した。津島は弘前市で開催された第2区立候補者の政見発表の立ち合い演説会で、野党の立場から「欺瞞林内閣打倒」と主張して、次のように聴衆に訴えている。それは、迫力に満ちた内容である。

冒頭で津島は、「林大将は立派な武人だが、果たして憲法の精神を学んだ政治家であろうか。戦争にかけひきが必要であるが政治には欺瞞戦術は禁物で、正々堂々でなければならぬ。然るに林大将は正々堂々と国民に訴えてきたであろうか。今度の予算・財政は国民の信頼をつなぐために馬場予算を2億2300万円減額した。然し減額されたものは農村大衆に関係あるものがその6割を占め、農民大衆の為の予算修正であるべきが、農民大衆のため不幸な結果になっている」と指摘する。

その上で、「更に歳入の方面に於いても煙草の値上げ、酒、砂糖税の値上げ、郵貯税値上げなどで5690万円を国民大衆から絞っている。また今回の解散選挙の無意義、非立憲極める政府は政党と時局認識を異にするという理由をあげているが70議会に於いて首相と外相の時局認識が相違していることを自ら暴露しているではないか。閣内の時局認識統一こそ重大問題でないか、かかる欺瞞だらけの内閣は速やかに退くべし、而して国民に基礎を置く政治の確立、憲政の確立を熱望するがために政友会は健闘しつつある」と結んでいる。(3)

津島文治は、初めて衆議院議員に立候補するに当たり、自らが公認を得た政友会の立場を踏まえ、林内閣の政策を農村・大衆側の視点から内政、外交予算案の内容について激しい批判を加えたのである。新進気鋭の若き政治家として、当時のリベラル思想で身を固めた津島の意気込みが感じられる政見内容である。

次いで、戦後の１９４５年12月、衆議院は解散、翌１９４６年４月に総選挙が実施された。津島文治は、進歩党公認で全県１区から出馬することになった。その際、津島は次のような歴史的認識を政見演説の中で長々と披露している。しばし耳を傾けてみよう。

最初に、「何故日本が負けたのであろうか、人に依っては答えは自ら選ぶことでありませうが、私は政治の貧困によると答えたいのであります。一体政治とは何でありませうか、学問的なことは学者方に譲るとして私は、政治とは幸福実現の技術であると考えております。よく戦術に似ております。敵味方と呼ぶのもこの事からでありませう。下手な勝者はよく人を殺します。下手な政治は国を亡してしまいます」と訴える。

その上で、「日本は確かに政治が米英よりも下手であります。この下手な淵源は、私は近代日本建設の序幕とも申すべき明治維新に発していると考えています。即ち徳川はその末期、開国の方針をとったのでありますが、之に対して討幕派は最初攘夷を叫んでこれを打倒して新政府を樹立したのであります。然るにその維新政府は、出来上がると１８０度転換して閉国攘夷への言質を片隅に押しやって１に欧化、２に舶来と浮かれ出したのであります。大きなスローガンであった事も、攘夷も、実のところ一片の討幕の方便手段に過ぎなかったのであります。このいい加減な方便的な序幕に端を発した維新政治であります。それから、その後次第に矛盾と混乱が加わり、いつ迄たっても本街道を歩まず常に感情、方便、さては反動といったような脇道ばかり歩くに至りました」、と歴史観を披露し、続いて、「漸く大正の初期にいわゆる憲政の常道につくようにも見られましたが、その末期から再び混乱状態に入って、政治とは腐敗と暗殺の代名詞のようになって遂に昭和6、7年に至って偏狭なる超国家主義を抱く軍人が政治の表面に堂々と現れ、また政治家どもは巧みに政権獲得のため之を利用した今日、敗戦を招いたのであります」、と批判する。

さらに、「日本は今後永久に戦争が出来なくなりました。いままでは政治で解決出来ない場合はすぐに戦争という手を用いましたが、今後は日本が生きて行くためには政治より以外に何物もないのであります。日本の今後志す道は1に政治、2に政治であります。我々国民の1人1人がよく政治を理解し、政治を自分のものにし米英国民にもその政治的識見に於いて又その行使に於いて劣らぬ日が来るならば、その時こそ日本が堂々たる独立国として国際間に重きをなすのであります。従って、今日以降に於ける政府、政党及び政治家は互いに一致協力し国民の政治力向上の政策に工夫をこらす事が何よりも重要な事であります」と指摘している。

そして最後に、「これがため私は先ず第1の着手として官僚政治の根本的払拭と教育の普遍化と婦人の地位向上との施策を要求するものであります。政治家にとっては、現下この圧迫せる衣食住の問題は今日の最大の課題で之が解決を急がねばならない事は勿論当然でありますが、しかし、政治家は明日の政治の

設計を持たねばならないと思いますので、敢えて政見を披露して各位の御批判を仰ぐ次第であります」と結んでいる。(4)

以上、長々と紹介したが、津島文治はこの政見演説において、日本政治の歴史的潮流を踏まえ、戦後日本が歩むべき道程を示している。この政見を拝見すると、戦後の日本が進むべきだと考えた、津島の政治的立ち位置がよく理解できる、貴重な演説である。

その際、注目すべきは政治家津島が、官僚政治の根本的払拭、教育の普遍化、および婦人の地位向上の施策を要求していることである。そこには、戦前の起伏時代に内外の書物で見聞を広げた成果が生かされているといってよい。戦争中、津島は決して無駄には過ごしていなかったのである。

この時の衆議院総選挙には定数7に何と38人が立候補した、4月10日の総選挙において、津島文治は、県内で3万2768票を獲得、第6位に滑り込み、晴れて衆議院議員の座を手にした。津島は、戦前の衆議院議員辞退から9ヵ年、長い政治的空白を経て、戦後1回目の衆議院総選挙で、ついに衆議院議員の議席を手にいれたのである。

4、県知事選挙

(1) 1947年4月の知事選挙

津島文治は翌1947年4月、せっかく手にした衆議院議員の座を捨てさり、戦後初めての「民選」知事に立候補した。津島は、『東奥日報』に「形式行政を破る」という見出しで、以下のような政見を披露している。長くなるが、いとわず紹介する。

冒頭で、「戦時中の政治や行政はどんな風であったか、われわれ国民の生々とした政治意識をば抑圧して徒に形式や理念や、手続きや、機構をのみを尊重してそれで万事足れりといった風である。これは思想的にはいわゆる国家権力主義の現状であって、即ち国家は権力の主体であり、また政治は権力と強制とがその根本であり、またその全部でもあるという考え方である」と概説する。

その上で、「もちろん、権力と強制とが政治の一要素であろうが、それは最低限度の要素であり、ホンの一部の要素に過ぎない。かかる風潮にたいし国民の中には大いなる不満、鋭い批判、強い警告を発したいという思いが沢山あったろうが、強い弾圧のためにそれらは地下に埋もれ発することはできなかった。

実に全国民は政治的無能力者として取り扱われたのである。かような仕組みの国家、封建的制度の国家にあっては近代的国家ではない。

日本がこの度の戦争に敗れたのはアメリカの兵器が日本の兵器よりも、何十年も進んでいたからであるというより、近代的民主主義国家の政治力のために青臭い封建的国家の政治力が打ちのめされたと考えることが妥当であると思う」と自説を展開するのである。

さらに、「一体国家には個人から超越した権力や強制力は断じてある筈はない。マ元帥は去る17日にこの事を非常に明瞭に発表された。それによると、〃現在日本人は国家が国民の主人であるという理論ではなく、むしろ国家は個人の幸福のために存在し、個人が国家の主人であるという理論に基づいて教育せられている。連合国司令部は将来個人が国家の道具となってはならぬと強調してきた〃と申している。かくの如く日本の今後に於ける国政運用の基礎は何処までも国民の幸福と意思とを尊重したものでなければならないのであって、権力や強制の理論では断じてあってはならないのである。従ってわれわれの明日の政治に国家権力主義の思想の流れに端を求める官僚の勢力は之を排して、民主主義に源を発するところの国民的政治力の向上発展を図り、また形式理論に捕らわれがちな事務的行政を破って、眞に時と所に対応する政治的施策又は処理にその大眼目を置くべきものと信じる」と、最新の政治学理論を紹介している。

そして、「今回の知事公選の妥当性もこの国家権力主義による権力と強制および形式、理論主義を排して眞に生き生きとした国民的政治力を伸長させるこの一大要請に基づくものである。従って本県に於てもマ元帥申さるる如く、県民の主人は100万余の県民である。県は県民の幸福のために存在し、知事と県民の意志に従って敏速果敢に時と所に対応する施策を行うにすぎず、県民の意志に従って当選するならば、あくまでも県民が心として、県民の福祉増進の施策に邁進するのはもちろん、世間からよく指弾されている役所風、官僚等の欠陥一掃を図り、眞に明るい県政の樹立に渾身の力と努力とを傾けたいと思う次第である」との認識を示している。

最後に、津島は中心的なスローガンとして以下の事柄をあげている。

① 津軽地方水田排水路の完備、併せてダムの設置、南部地方の徹底的な国有林および御料林の解放による開墾遂行。
② 港湾、船泊の建築による水産業の発展。
③ リンゴの増産と加工の優遇的研究発展。
④ 復員者の優遇。
⑤ 県官吏の更迭刷新及び特に警察官の民主化を図る。(5)

津島文治は、戦後初の知事選に出馬するに当たり、戦後民主主義の進展を踏まえて、リベラルで高邁な政治理論を展開している。津島はまた、政治が国民の幸福実現のためにあると指摘するなど、国家権力の抑制と民主化運動の高まりに期待をかけ、県民に新たに選挙される県知事の在り方を問うている。戦後、青森県が出発する際の、政治家・津島の考え方が理路整然と主張されている。その意味で、今回の政見内容は、戦後の再出発に当たっての、民選知事津島のリベラルな政治理念が強く打ち出されており、スローガンの内容もより具体的である。戦時中、津島は戦後に備えて、新たな学問を貪欲に学び、理論武装をしていたことが感じられる。

⑵１９５０年11月の知事選挙

１９５０年11月の知事選で、２期目に挑戦した津島文治は無所属から出馬した。『東奥日報』は、知事候補者としての津島の選挙公約を掲載している。

「私は幸いにして県民各位の御支援をいただいて再び当選の栄を得ますなら先ず以って県民所得を増加することを施策の一大事業とする所存であります。それには本県産業生産力を高めねばなりません。全国の産業構成では工鉱業が55％になって居るのに我が青森県の現状は工鉱業が僅かに18％、特に82％は原始産業である農林、水産業を以て占めております。従って其の生産所得も全国１人当たり２万４０００円に対して、１万８０００円と言う眞に情けない状態であります。而して私は本県特産りんご及び水産物、木材等の豊富な原料を以て高度な加工業を奨励しまた地下資源や鉱物等資源開発に依って近代工業を企図したならば、工業生産全国平均比率55％に近接し更に上回ることを確信して疑わないものであります[(6)]」。

知事１期目を成功裡にこなした津島文治は、青森県の産業発展の遅れを強く認識し、県民所得の増加を謳い、その上で、古い農業県から新しい鉱工業県への移行の必要性を提示している。知事２期目を担当する津島の強い意欲があふれた選挙公約である。

(3) 1954年11月の知事選挙

津島文治は、1954年11月の知事選に3度目の立候補を決意した。1954年10月17日付けの『東奥日報』には、〝私の公約〟欄において、津島は知事3期目出馬に当たり、「従来の仕事に仕上げ」の見出しで選挙公約を披露している。

冒頭、「私の3度目の立候補についていろいろ批判が出ているが過去7ヵ年余にわたって志してきた県産業の発展、県民所得の増大、県民福祉の増進、県民文化の向上、および県財政の確立をさらに一段と完成致したいため出馬をした。

本県は経済的に後進県であり、国民所得は26年全国平均1人当たり4万3500円であるのに本県は3万4200円で9300円の差で、27年度は5万900円に対し4万200円で1万600円の大差となっている。この後進性を回復するには第1次産業はもちろん第2次産業の発展をはからなければならない」と概説する。

その上で、「まず第1次産業の農業生産力増強のため、1、既開田の土地改良、利・排水施設の整備、耕種法の改善、機械化による能率増進、品種改良、2、開墾、干拓による耕地造成、とくに高度の機械化導入。3、裏作奨励、牧野改良による有畜農業の普及奨励で乳牛現在2800余頭を33年までに1万3000頭に、役肉牛8800余頭を1万3000頭に増殖すべくつとめる。4、リンゴ振興には早生栽培の徹底と品種改良のうち祝に次ぐ早生種の研究奨励で9月下旬の風害を軽減せしめる。また販売拡張のための海外市場調査、価格調整のために集積倉庫増設、加工面ではシードルならびにジュースの生産の具体化」を指摘している。

次いで、「水産振興に1、サンマの施設網、サバの1本釣り漁法の技術改善、2、陸奥湾内の養殖事業としてホタテ、赤貝、ナマコ、ホヤ、コンブに対する投石築実施、3、漁船の大型化、無電などの機械設備の強化、4、本年から母船と15隻の独航船が出た本県北洋漁業進出は目ざましいものがあるが、さらに青森、八戸両港のいずれかを北洋漁業の基地として業界の経済をうるおす」と提案する。

そして最後に、「次に第2次産業の鉱工業の発達として、1、電源開発の西海電気2万2000キロの完成、目屋ダムの完成促進による1万2000キロの発電、盛岡－八戸間15万ボルト送電場の完成、十和田電力増強で冬季電力7万キロの保持を取り上げる。2、砂鉄砿工業＝従来は鉄鋼第一であったが最近は金属チタン工業としてあらたな分野が開けている。全国でも1位の埋蔵量を占める工業化促進、3、石灰工業＝下北郡尻屋港の完成とともに同地区にある石灰石の工業化をはかる、4、港湾の整備＝工業の発展のためには商・工業港の完備が先決である。八戸港は1万トン岸壁が着目せられ青森港は3000トン岸壁の完成をみたが、つづいて1万トン岸壁実現を期す。このほか道路の整備は昨年2級国道に八戸－大舘、青森－能代、仙台－八戸、八戸－弘前の4線が指定されたが、この整備の促進をはかる。さらに道路復興5ヵ年計画が本年から始められ、総額28億円7000余万円で整備する予定であるが、建設省当局に本県の実情を訴え事業費の増額を強力に進める」と結んでいる[7]。

知事3期目を目指す津島文治は県民所得の低さを憂い、第2次産業育成の必要性を説くなど、行政最高責任者としての意気込みを感じさせる選挙公約である。また、農業県である青森県民の経済向上のための具体的施策が随所に見られ、しかも、内容がより明確である。その意欲が実り、選挙運動も、津島が終始優勢で、津島は知事として見事に3選を果たした。しかし、知事3期目の途中の1956年6月、津島文治は知事を辞任。２年後の１９５８年5月、衆議院議員に鞍替えを図る。しかも選挙区は第２区ではなく、第１区から出馬し、県政界で波紋を呼んだ。

5、衆議院総選挙

(1) 1958年5月の衆議院総選挙

衆議院は1958年4月25日に解散、5月22日、総選挙が行われることになった。津島文治は、青森第1選挙区から無所属候補として立候補した。津島は、当初もくろんでいた自民党の公認を得ることができなかったので、強い危機感を抱いたのであろうか。5月10日と20日の両日2度にわたり、『東奥日報』紙上に主要な公約を掲載している。

「1、国民皆保険の達成、1、結核撲滅の徹底的対策、1、老齢年金の創設、1、精神薄弱児童に対する施設、1、母子福祉事業の積極化、1、中小企業振興育成法に金融の拡大円滑、1、有畜農業の指導奨励、1、科学技術振興と産業教育の一新、1、陸奥湾の振興及沖合漁業での資金拡大の円滑化、1、大青森市建設の一環として大工場の誘致と1万屯岸壁の早期完成[8]」。

津島文治の主張する政策の中身は、青森県の産業の構造変化を踏まえて、福祉関係事業の充実へと移ってきていることが理解できる。例えば、国民皆保険、老齢年金、および母子福祉事業がそれである。また今回の総選挙に際して、『東奥日報』は「あなたに聞きたい―候補者へのアンケート」を実施している。それはかなり具体的に突っ込んだ質問であり、政治家・津島文治の基本姿勢をうかがうことができるので便利である。

①　**政治家になった動機**―なによりも政治の確立のため。
②　**尊敬する政治家**―原敬。
③　**生活のモットー**―公私とも正しい生活。
④　**特別の健康法をやっているか**―特になし。
⑤　**家庭で夫人を何と呼ぶか**―おかあさん。
⑥　**子供の教育方針**―自由に本人の好むところへ。
⑦　**酒を飲みますか、酒量は**―少量。
⑧　**現代の青少年に望むこと**―科学教育に関心を。
⑨　**就職の斡旋は毎年何人くらいか**―数十人。
⑩　**小選挙区に賛成か反対か**―賛成。
⑪　**旧地主の補償は実施すべきか**―困窮地主は救済すべきである。
⑫　**恩給法は改正の余地はないか**―暫次国民年金に切り替え。

⑬　県政振興にキメ手があったら―１つによるキメ手はないが第１次産業の振興、第２次産業の開発を図ること。
⑭　党議にとらわれなければ次期首班にだれを推すか―池田勇人。
⑮　当選したら真先にやりたいこと―青森市に大工場を誘致すること。[9]

津島はこのアンケートの中で、政治家になった動機として、〝政治の確立〟、また尊敬する政治家として〝原敬〟をあげており、その上で、生活のモットーとして、〝公私とも正しい生活〟、と答えている。さらに、この段階（１９５８年５月）で、次期首相候補として「宏池会」代表の池田勇人を推薦している点が注目される。津島文治の「政治的指針（ポリティカル・ポリシー）」を知ることができる貴重な回答であるといってよい。

⑵１９６０年11月の衆議院総選挙

津島文治は、１９５８年の衆議院総選挙に続いて、１９６０年の衆議院総選挙にも出馬した。11月３日の文化の日、三沢市の柔道場において、青森県第１区の立ち合い演説会が開催され、津島文治は候補者の１人として、「議会主義、自由経済、および民主主義の基調」について述べたあと、政治の目的は福祉国家の建設だと学者まがいの論調で説いている。それは、津島が従来から主張している内容であった。[10]

続いて今回の総選挙にあたり、「県民への公約」と題した津島文治の選挙公約が、１９６０年11月７日付けの『東奥日報』の朝刊に掲載されている。そこでは津島は、まず大事なことが〝経済基盤の確立〟だとして、次のように主張している。

最初に、「日本の国全体についても公共的建設、いいかえれば国の富みとして目指してよいものは、他の先進国と比べると非常に少ないのであります。日本の経済の基盤を強くするためには、この国の生産を増やさなければならないと存じます。また日本国民の所得も西欧に比べると、これまた相当に低い額で、よく先進国と中進国の中間といわれております。とくに国民のうちには潜在失業率といわれる低所得の苦しい方々が非常に多いのであります。従って私は青森県の政治問題を取り上げる場合にこの3点に関連して考えたいと思います」と概説している。

その上で、「まず財産の問題でありますが、日本国全体としても少ないのでありますから、わが青森県は多かろうはずないのであります。御承知の通り青森県がいったん大災害に見舞われても公共施設の環境損害は不思議なほど小さいのであります。これは破壊されるほどの公共的施設がないからであります。よってあすの青森県の繁栄を期するためにはこの施設の完備と、拡大とがその基礎となると思います。住民を安全な施設に移すことはできません。すなわち国、県道の大幅な改良並びに舗装、市町村道の改良整備。産業道路とくに林道の開発、港湾とくに1万トン岸壁の早期完成、漁港の完備。防潮、防風林の完成。各河川の改修、海岸浸食の防止、上下水道の完備、防災ダムの建設などによっていわゆる県富の増加を図りたいと存じます」と課題を指摘する。

次いで、「また県民所得の増大については政府は国民所得倍増を画するこの機会に県民の総力を結集して少なくとも全国平均の線まで高めるようにしたいと思います。それがためには県民の依存度の高い農林漁業方面にあってはあらゆる面から生産能率を高めるくふうをすることは第1でありますが、経営の規模を各方面において拡大するような施策をしなければならないと存じます。また県民の所得の増大のためにはなんとしても工業を県内に興すことが絶対に必要であります。これがためには政府は企画している工場の地方分散はもちろん地方基幹都市の建設を県内で受け入れることに全力を尽くそうと思います」と述べ、最後に、「これが実現されたときは農村の人口過剰分は円滑にこれに吸収され、農村の経済も豊かになり、また一般県民の所得をもう一段高めることによってまさに一石二鳥の策と思います。さらに申し述べたいのが本県の低所得者は残念ながら多いのであります。従って各方面の社会保障の対象になる方々も少なくないのでありますから政府の3大政策の1つである社会保障の充実の面には、とくに完ぺきを期して、本県のこの気の毒な方々のために、生活の不安と不幸とを取り除くように努力する考えであります」と、結んでいる。(11)

以上で紹介したように、津島文治は、この当時、政治的師匠の池田勇人・首相が提唱した、いわゆる「国民所得倍増」論に乗り、青森県民の所得増大を目指している。そのために、経済基盤の強化、道路の整備、および工業の推進など各種の対策を講じる必要性を説いている。津島は池田派の主要メンバーの1人として、先頭に立って〝所得倍増〟論を展開している点が大きな特色である。

(3)1963年11月の衆議院総選挙

1963年11月21日、衆議院総選挙が行われた。しかし、これまで選挙で敗れたことがなく、不敗を誇った〝選挙の神様〟津島文治は次点で落選の憂き目をみる。では、今回の総選挙で、津島は青森第2区の有権者に対して、何を訴えたのであろうか。11月3日付けの『東奥日報』には津島文治の顔写真とともに、経歴と主張が掲載されており、その中で津島は次の3点を主張している。

① 農林水産の予算飛躍的拡大を図り生産性の向上と、所得の均衡を図る。
② 住宅の1世帯1住宅の実行と、上水道・下水道・し尿処理など住宅環境施設の整備を図る。
③ 人づくり政策、殊に青少年に重点を置き家庭・学校及び社会教育を通じて高い知性・豊かな情操を養い、且つ祖国愛に徹しさせる教育をする。(12)

今回掲載された津島文治の政見の中身はやや抽象的である。しかも、青森県の経済発展への具体的な施策が見られない。青少年の教育の充実についても、祖国愛など国家主義的表現が目につく。

次いで、11月8日の『東奥日報』には、青森県第1区の衆議院総選挙の全候補者たちの主張が「私の公約」と題して掲載されている。津島文治は、次のような内容を披露している。

① 農林水産に関する国家予算の拡大、総予算額にたいして農林水産の予算は数年以前は約10%に達していたが、ここ数年以来は10%を毎年下回っている。これは農林政策をいよいよ充実させなければならない、この時局から見れば、全く逆のことである。よって大幅な増額を望みたい。
② ①と同様に財政投融資においても飛躍的な増額を望む。現在は総額の7分にも当たらない。よって①と同様の率、すなわち10%以上をぜひ実現したい。
③ 中小企業の近代化に要する予算的措置の行政的措置をじゅうぶんにしたい。
④ 中小企業の金融面の強化を図るとともに、信用保証の制度を改善、充実したい。
⑤ 地方財政において教育関係の県費負担の軽減を図りたい。

⑴高校にたいする県財政負担の軽減。
⑵ＰＴＡの学校費用の負担を軽減したい。
⑥環境衛生の整備、とくに下水道の早期完成、し尿処理施設の徹底的助成を望みたい。
⑦非行少年対策を徹底したい。
⑧教育においては、育英資金を充実し、アルバイトにたよらずとも勉学できるようにしたい。
⑨住宅建設の促進＝住宅量を充実することはもちろんであるが賃金においても今後は向上を図りたい。[13]

ここでもまた、11月3日の新聞掲載の主張と同様に、〝農林水産予算の増額〟を第1に掲げてはいるものの、他の候補者たちの公約と比較した場合、青森県の産業発展の具体的な見通しがほとんどみられない。青森第1区の有権者たちは、これを見て、衆議院議員として津島文治が一体何をしてくれると期待したのであろうか、との疑問を感じないわけでもない。知事時代や、衆議院議員1期目や2期目に立候補した時のような、県民の生活向上に直接つながる細やかさに欠けている、といわねばならない。地元の有権者が各省に陳情に赴く際に、面倒を見ないという噂が蔓延していたのも、この時期にほかならない。

6、参議院通常選挙

(1) 1965年7月の参議院通常選挙

1963年11月21日に行われた衆議院総選挙で落選した津島文治は、今度は参議院議員に鞍替えを図り、1965年7月4日に実施予定の参議院通常選挙に出馬した。

1965年6月25日付けの『東奥日報』の朝刊には、自民党公認の参議院議員候補者・津島文治の写真や略歴と並んで、次のような政見が掲載されている。

〝政見〟　○人間尊重の政治、
○農林漁業近代化、
○道路交通対策の推進、
○社会福祉施設の整備拡充、
○社会開発の推進(14)

ここに見られるように、これもまた極めて抽象的内容であって、全く具体性に欠けている。ただ、それより1週間前の6月14日に、参院選の立合演説会が、弘前市の第一大成小学校で開催され、その中で、津島文治は次のような所信を披露している。津島の演説は、「津軽総合開発に生命をかける」と題し、先の政見よりは内容がより具体的で、眼前の有権者を強く意識した内容となっている。周知のように、今回の選挙では単に南部地方だけでなく、津軽地方を含めた全県を相手にする参院地方区の選挙なので、それに対する配慮がうかがわれる。

まず、「政治は民族が永遠に発展するために政策を考えなければならない。この見地からすれば都市造りが根本になる。弘前市は農村に囲まれていて人口も過密でなく能率的な生産が上げられる。公害ということもなく市民が健康的な生活ができるところである。そしてこの弘前市を中心とした津軽地方をよりよくするために目下進行中の津軽総合開発を実現しなければならず、私はこの開発に残りの政治生命をかけてやりたい」と概説する。

その上で、「津軽総合開発の実現には８００億円必要と思うが、秋田県の八郎潟干拓事業が自民党政府によって実現している。この例から津軽総合開発の実現は決して夢ではない。総合開発と並行して大切なのは東北高速自動車道路の整備である」と結んでいる。[15]

『東奥日報』はまた、６月16日から18日にかけて、「参議院選の候補者に聞く」と題して、各候補者たちへの質問を試みている。そこでは、当時、青森県内で懸案となっている各種の施策に対する、津島文治の基本的認識が示されている。

〈**国有林解放問題**〉参議院選後に開かれる国会ではなんとしても特別法を可決させたい。しかも骨抜きされたものであってはならない。なんとしても地方自治体の財政面にプラスになり、地域開発に貢献する法案でなければならない。

〈**下北開発問題**〉下北地区は陸の孤島とまで言われており、野辺地町寄りの道路が整備されていないことが障害になっているので、下北開発の第1歩はなんとしても野辺地—大間間を国道に昇格させ、その完全な舗装を実施しなければならない。

〈**リンゴ対策**〉リンゴの品種改良に力を入れて、現代人の好みに適した貯蔵性のあるものに改めたい。なお輸送問題と流通機構の根本的整備が重要であると考える。

〈**出かせぎ対策**〉出かせぎをしなくても生活できる環境を作ることである。すなわち地域開発を進めて県内人口の減少を防止するように考えてゆきたい。大都市においては人口増に苦しみ、地方では人口が減って苦しむ、このようなことがらを改める政治にしたい。

〈**漁業振興策**〉沿岸漁業の振興に力を入れたい。それには水産資源の維持増大である。そのためには沿岸および内水面における保護水面の拡大、水質汚濁防止の強化、沿岸漁業の改良造成などの施策が必要である。次に漁港の整備、沿岸漁業構造改善事業の推進、漁業災害補償制度の実施などであります。

〈**人づくり**〉青少年に夢と希望を持たせることであります。学校教育の拡充すなわち、義務教育の充実、大学教育の拡充、私立学校の振興などです。次に教育の機会均等の確保すなわち経済的に恵まれないもの、心身障害のあるもの、へき地や離島に住むものにも、等しく教育を与えることです。加えて青少年活動の助長、とくに青少年の非行防止のため近代化された道徳教育を推し進めるべきです。[16]

以上の回答からは、従来青森県が抱えてきた課題について、長年、県の行政最高責任者として知事職を務めあげ、その後衆議院議員として国政に参加した津島文治の基本的な問題認識の一端を知ることができる。特に、津島の後任知事である山崎岩男や竹内俊吉が精魂を込めた下北開発を、この段階で強く主張しているのが目立っている。

⑵１９７１年６月の参議院通常選挙

１９７１年６月27日、参議院通常選挙が行われた。津島文治は２期目の当選を狙っていた。参院選地方区の立ち合い演説会は、６月９日に始まり、１回目は八戸市の市民会館で実施され、現職議員の津島は、経済の持続的安定と福祉国家の建設を説いている。

最初に、「60年代の政治的課題である経済の高度成長は、一面に問題を残したとはいうものの成功したと評価してよいだろう。それに続く70年代の課題は人間性の回復と経済の安定成長である」と概説する。その上で、「経済成長は基本的に必要だが、成長率はこのさい押さえても人間尊重を考えるべきであって、そのためには公害関係14法の成立など環境庁の設置を軸に、公害対策を進めてゆく。交通安全のために市街地歩道の１００％実現、横断歩道の倍増を図りたい。

また社会福祉対策として物価にスライドした老齢年金、老人医療の無料、寝たきり老人奉仕、精薄児の全員入所など積極的に取り組んでゆく」と指摘する。

そして最後に、「県政の課題としてはむつ小川原開発があるが、私は戦後22年から本県知事として県民の暮らしを豊かにする最適手段として工業化を考えてきた。したがって今度の巨大開発は本県飛躍のチャンスであり、1000万キロワットと計画されている原子力発電や大規模基幹産業を軸にして、さらに県内の内陸部農村地帯の工業化が進むようになれば地域の経済社会に及ぼす影響はきわめて大きい」と結んだ。[17]

以上の立ち合い演説会の内容からも明らかなごとく、津島文治は参議院通常選挙の候補者として、第1に、高度経済成長の後の公害対策の重要性を認め、人間性の回復を訴えている。第2に、社会福祉関係の充実（特に老齢者対策）を図ることを訴えている。そして第3に、むつ小川原開発に伴う、原子力発電や大規模基幹産業を中心に、青森県の工業化の推進を説いている。今回、参院選への出馬にあたり、津島の年齢が問題となり、大きな批判をあびたが、それへの配慮をうかがえる。

7、おわりに

以上に紹介した津島文治の選挙公約ないし政見の内容をまとめると、戦後の日本と青森県の政治的・経済的発展に焦点を合わせて、政治家・津島文治の選挙公約ないし政見の中身が次第に変化していることが、手に取るようにわかる。つまり、戦後の復興、朝鮮特需、独立、高度経済成長、所得倍増、公害の発生、および日米安保改正がその背景にある。

県議会議員や知事の時代には、津島文治は、時代の先端を走り、社会の発展に合わせて、各種の政策提言を行い、その先頭に立って懸案事項を解決していく姿を垣間見ることができる。しかし、政治家としての後半、つまり、衆議院議員や参議院議員時代の選挙公約や政見には、津島の主張する公約や政見の中に、具体的政策提言や見通しがあまり見られなくなり、やや抽象的内容で、些末的な問題に内容が偏っている。

本来、政治家というものは、選挙公約や政見によって有権者に「夢」と「希望」を与えるものでなければならないはずである。だが、政治家として津島文治の後期の選挙公約ないし政見の内容からは、それが姿を消している。その意味で、政治家としての〝賞味期限〟が切れてきたといわねばならない。高齢になるにしたがい、政治家・津島文治の政治的公約・提言も色あせて古くなり、社会の間尺に合わなくなってきたのだろうか。しかし、それは一面でやむを得ないことでもある。いかなる人や政治家であれ、いつまでも斬新な発想を望むことは無理な注文である。

政治家として一生を過ごし、「選挙のプロ」を自称した、津島文治の時代は終焉を迎えることになったのである。結論的にいえば、政治家としての津島文治の頂点は、知事時代であって、その後は〝余禄の人生〟であったのではないかとさえ思わざるを得ない。時代の流れとともに、社会は変化をとげ、そのような状況の中で、選挙公約や政見に盛り込まれた、津島文治の政治理念も古くなっていったのである。

〈注〉

(1) 『青森県議会史　自昭和元年〜至昭和10年』(青森県議会、1970年) 135〜136頁。なお、側近の傍島正守は、津島が早稲田流の「雄弁家」であった、と語っている(傍島正守「人間性を磨かれた〝雌伏10年〟」『清廉一徹』(筑摩書房、1974年) 208頁)。

(2) 同上『青森県議会史　自昭和元年〜至昭和10年』234〜235頁。当時の『東奥日報』は一面トップにおいて、絵図付きで、津島の質問を「津島君の思想対策―神官が唯一の悪思想撲滅の武器なるぞ、マルクスもレーニンも救いたまえと白す」と揶揄し、大きな頁を割いている(『東奥日報』1928年11月30日)。

(3) 『東奥日報』1937年4月14日。

(4) 同上、1946年3月24日。

(5) 同上、1947年3月29日。

(6) 同上、1950年11月5日。

(7) 同上、1954年10月17日。知事は毎年冒頭、県政にとって重要課題につき、「施政方針」演説を行っている。しかし、秘書の話では、それは末端の庁員まで浸透していないとして、評判は相半ばするようだ（福島常作『文治先生行状記』〔北の街社、1978年〕112頁）。それは津島が文面に凝り性で、潔癖な性格の故、細部にこだわり過ぎるからであろう。

(8)『東奥日報』1958年5月10日、20日。
(9) 同上、1958年5月12日（夕）。
(10) 同上、1960年11月4日。
(11) 同上、1960年11月7日。
(12) 同上、1963年11月3日。
(13) 同上、1963年11月8日。
(14) 同上、1965年6月25日。
(15) 同上、1965年6月15日。
(16) 同上、1965年6月16日、17日、18日。
(17) 同上、1971年6月10日。

第五章　「行政最高責任者」——津島文治

五所川原市・旧金木支庁舎

現在の青森県庁

1、はじめに

すでに見てきたように、津島文治は金木町長、県議会議員、県知事、衆議院議員、および参議院議員と、実に多くの公職に就任している。留意すべきは、この間に、津島が行政の最高責任者として金木町長を約2年間、また県知事を9年2ヵ月も勤めあげていることである。それでは、津島文治は、いわば行政の最高責任者として、どのような理念に基づいて行動し、如何なる課題に対応・処理し、いずれの事業を評価されたのであろうか。それが、第五章の基本的課題である。

本章では、津島文治の町長および県知事時代の歩みを紹介しながら、津島文治の行政担当者としての行動と実績について評価を試みる。本論に入る前に最初に、町長と知事の地位や権限などについて、概説しておきたい。

(1) 町長

町長とは、地方公共団体の1つである町の執行機関の長であり、その地位、権限などは市長、村長の場合とほとんど変わらない。すなわち、日本国民であって、一定の欠格者を除外した年齢25歳以上の者が町長の被選挙権をもち、町内の選挙人が直接町長を公選する。任期は４年で、衆議院議員または参議院議員、地方公共団体の議会の議員、および職員とは兼職ができない。町長は町を統轄し代表する機関であり、おおむね地方自治法１４９条に掲げられた固有の事務を管理執行する。そのために法令に違反しないかぎり、規則制定権をもち、その補助機関たる職員を指揮監督する。もし町長に事故があるときは、副町長が職務を代理する。また町長はその権限内の事務の一部を職員に委任し、または臨時に代理させることができる。町議会は町長に対して不信任決議をなしうるが、これに対して町長は議会の解散権をもつ。また、有権者は議員に対すると同様に「解職請求権（リコール）」を有する。

⑵ 知事

一般に、県知事という職制は県を統括し、これを代表する独任制の執行機関である。県知事は、地方公務員法が適用されない特別職の地方公務員であり、日本国憲法下では、「地方公共団体の長」と位置づけられている。県知事は、議決機関である県議会の議員と同じく、住民の直接選挙によって選出される。それゆえ、県議会と県知事とは対等の関係にある、といわれている。

県知事の権限は、強力でかつ範囲も広い。地方自治法の下では「首長制（大統領制）[1]」を採用し、知事と県議会との関係についても、米国の大統領の権限に類似している。県知事の主要な権限を列挙するならば、議会を解散する権限、条例案に対する拒否権、予算の調整と執行、人事権、地方税の賦課、専決処分権限、議案の提案、会計の監督、および組織に関する総合調整権など、広範囲におよんでいる。[2]

戦前の日本では、県知事はすべて「官選」によるものであった。しかし、先の戦争で敗れた後、連合国占領下における「民主化」の一環として1946年9月、府県制および東京都制が改正され、県知事を住民の直接投票で選挙する「公選制」が導入された。地方自治法の下では、県知事と県議会議員はともに有権者の直接選挙で選出する「二元代表制」を制度の根幹に据えている。

ここでいう二元代表制とは、住民が直接選挙で首長と議員を別々に選ぶ制度であって、首相を議員から選ぶ「議院内閣制」の国政とは異なる。首長は予算や条例などの議案を議会に出したり人事を決めたりする権限を持つ一方、議会の方は議案の議決などで首長の行政運営を監視する。(3)

2、金木町長

予備的説明は以上の通りである。津島文治が金木町長に就任したのは、１９２５年10月10日のことで、若干27歳の若き町長であった。当時は、有権者が直接町長を選ぶのではなかった。まず、町民が町議会議員を選び、その議員が町長を選出したのだ。いわば「間接選挙」によって町長に就任した、わけである。

津島文治が、金木町長に就任していたのは、１９２５年10月10日から１９２７年9月１日までの約２年間という短い期間であった。それでは、津島はどのような町長で、如何なる業績を残したのであろうか。町長に在任中、短期間であったとはいえ、津島町長は金木町の発展に少なからず寄与し、町の基礎作りに尽力している[4]。

津島文治が「政治家」として初めてスタートしたのも、金木町の町長職である。早稲田大学政経学部を卒業した２年後の、１９２５年10月10日、議会で町長に推薦されて当選した。津島は満でいえば27歳の時で、東京の早稲田大学政経学部を卒業して、弁がたち、若く、しかも毛並のよい青年町長の誕生であった。

１９２４年当時、津島文治は県内で水田地主ベストテン第6位にあり、職業は「金貸し」で、所有水田は219町歩、小作人は290戸、と記されている[5]。

貴族院議員だった父源右衛門の側近で、県議会議員の傍島征之助や、金木町収入役の外崎健助らがお膳立てし、文治を町長にかつぎだしたのだ。津島家の周囲の人たちには、文治が源右衛門の跡を継ぎ、将来の中央政界進出に備え、その足掛かりをつくっておこう、という意図があった[6]。

それでは当時の金木町は、どういう所であったのか。町とはいっても、街並の体をなしていたのは、大《おお》字《あざ》金木のうち、中央部、県道沿いの一部ぐらいで、その他の集落は普通の農村そのものであった。町の概況は人口約5200人、戸数約820戸、年間予算は約5万円程度であった。津島文治が町長に就任した当時、1912年の大凶作に続いて、1914年と18年と続いた凶作のため、農家の経済は著しく疲弊、また商工業もその影響をうけて、営業状況は必ずしも芳しくなかった[7]。

津島文治が町長に就任後の最初の町議会は、11月17日の午後1時に開会、その席上で、町の長老で町長・助役を務めた高橋良三郎・議員は、次のように津島町長に期待を寄せている。

「この町をこの現状から救える人は、最新の政治経済学を修めた、新進の津島町長のほかに、適当な人がいない。我々の時代にこれをなし得なかったことは、残念であり、かつ申し訳ないことであるが、郷土再興のため尽力して欲しい[8]」。

津島文治町長が行った仕事は、一般行政の掌握のほかに、主として経済復興および町の基礎作り対策の検討であった。新町長は一般の住民との対話を特に好んだといわれ、その理由を津島自身「自治行政は、住民との対話から始まる素朴な行政である」からだと述べている。

新任の津島文治町長は、大地主の若旦那とは思えないほど腰が低く、気さくにだれでも話しかけた。若い書記の入営壮行会に自ら腕をふるってカレーライスをつくるぐらいだから、親しみやすい町長だったであろう。(9)

津島町長は、初の議会において、「不肖不敏であるが、町民各位の負託に応え、渾身の努力をするつもりであるからご支援を請う」と述べて、次のように答弁している。

1、農家経済は疲弊しているのでこの経済更生を計るには、副業を拡大奨励して、暫時米の単作経営から多角経営に移行せしめて、農家収入の増大を図らねばならないと考えている。副業の奨励が藁工品の増産、養鶏の普及およびりんご栽培の奨励に重点をおいて、早急に進めたい。差し当たり農家の取り組み易い、即効性のある藁工品、養鶏から始めたいと考えている。
2、農業経営改善の実地指導機関としては、稲作を主とし、畑作を従とした農業経営と、副業の開発、指導に役立つ、例えば農業経営指導所の如き実地指導機関を県の応援を得て、関係町村とも打ち合わせ、できるだけ早く設置するように努力する。町立は、町の財政上から無理である。県立として設置したいと考えている。これには準備その他に相当の期間を要するものと考えられるが、努力してみたい。
鉄道の開通については、関係者において種々準備が進められているので、早期開通の促進に努力する。
3、女子実業学校を充実して、子女教育の振興を計ることは重要なことである。将来は、これを母体に県の援助をうけて、中等学校設置を目標に、今後の逐次内容の整備充実を計り、実現に努力する考えである。

この当時における町村自治体の財政は、義務的経費の最小限度のもので、たとえ凶作の時であっても、臨時土木救済事業が施行され、その事業費から賃金が支払われただけで、これでは農民の救済は不可能であり、津島町長もそれに苦労したことであろう。

しかし、津島町長は公約実行に責任感の強い人であった。津島が町長に就任後、最初に開催された町議会の要望の中で、実施したものは、以下の通りである。

1、町の基礎作り。

2、副業では、薬工品の増産、養鶏の普及、りんご栽培の奨励。

3、町単独事業。

一方、実現できなかったものには、農業実施指導機関の設置、鉄道の開通、および中等学校の設置などがある。[10]

津島文治町長は、部下には寛容であった、という。ただし、自分に対しては厳格であった。また身内に対しても厳しかった。津島町長は、時折「政治は最高の倫理であり、政治の要諦は善である」という言葉を発している。津島町長に対する町民の世評は、「人格、識見稀に見る清廉な政治家である」と褒め称えている。若くて良き町長の姿が目に浮かんでくる。[11]

以上、約2年間にわたる津島町長の評判と業績評価を試みた。津島文治にとって、町長時代は側近も津島派が取り囲み、行政もスムーズにやり易かった時期ではなかったかと思われる。だから、町長時代の津島にとっても、楽しい思い出が多かったのではないか。それは〝津軽の若殿〟として過ごし、平和な時期でもあった。

3、青森県知事

青森県は現在でも、製造業などに関わる第2次産業が弱く、しかも、求人倍率や県民所得は低迷、人口減少率が高いという幾多の問題を抱えている。むつ小川原開発やクリスタルバレイ構想など工業県に脱皮するための取り組みを行ってきた。だが、いずれも失敗に終わっている。農業・漁業といった第1次産業が主力で、青森県は、現在でも沖縄県に次いで貧しい県の1つである。実際、所得、大学進学率、平均寿命など、どれをとっても、指標は全国で最下位に近い。

その青森県の知事に就任したのが、津島文治である。せっかく手にした衆議院議員の座をなげうって津島文治は、1947年4月5日、初代の民選知事に選出され、その後、連続3期、都合9年2ヵ月間、青森県政で采配を振るった。ただ、3期におよぶ在任中、4ヵ年の任期を全うしたのは2期目のみである。その津島知事も、1956年5月29日、ついに正式に辞表を提出、6月1日の県議会において承認された。およそ、9年余の長期にわたった津島県政を振り返るならば、それは文字どおり、多難な道のりに終始した、といってよい。

まず、第1期目は、1947年4月から1950年9月までの、いわゆる終戦後の混乱期で、津島知事は〝科学的行政〟を叫び、総合開発から手をつけ、後進県の汚名返上に取り組んだ。例えば、企画室、総合開発審議会などを目新しい機構として設置している。

次に、第2期目は、津島が知事に再選された1950年11月から1954年10月までの時期である。当初は、「シャープ勧告」による税制改革があり、それに加えて、本県農産物の不作などもあり、立ち上がりから県財政は窮迫を増した。しかし、次章で詳述するように、津島知事は、この間に県西電源開発、目屋ダムなどを、着々と手がけて業績をあげている。

そして、最後は、第3期目である。話題となった3選後以降、1954年11月から1956年6月までであり、津島県政は、汚職問題と赤字財政立て直しが重なりあい、〝イバラの道のり〟だった。財政再建に思い切った経費削減を図る一方、1956年度からは1割増税などで対応したものの、大規模に膨れ上がった県の台所を賄えきれるものではなかった。結局、財政立て直しもギリギリの線で、刀折れ矢つきた格好で引退を余儀なくされた。(12)

以下では、通算3期、およそ9年2ヵ月という長期にわたった津島県政の足跡を概観し、最後に、津島文治知事の行政マンとしての姿勢、実績、および評価を行う。

(1) 1期目(1947年4月〜1950年9月)

津島文治知事は、1期目において、いわゆる「科学的行政」を旗印に、企画室、産業振興委員会、および総合開発審議会などを設置した。津島知事は、法定外独立税として徴収していた「リンゴ取引税」

(年間総額2億5000万円)というドル箱を抱え、当時、財政的には他の県から羨望の目で見られていた。1948年11月にはまた、1500万円で東京の飯田橋駅の並びに県事務所を新設、また同年から3ヵ年で県営競馬を開始、さらに同年リンゴ行政の一環として「リンゴ振興会社」を創設し、これに県は6000万円出資している。

メタンガス試掘を始めたのも1期目であり、1950年1月に事業を打ち切るまで、総額1500万円を支出している。その他に、1953年11月に完成した東北一を誇る県立図書館がその緒についたのも1949年9月からであった。このように、財政的に恵まれていた津島知事は、そのアイデアの斬新性を買われ、また強力な与党を背景に順風満帆な歩みを続けた。ただ、津島知事1期目の後半に入ると、経済事情の激変とドル箱であったリンゴ税が不許可となり、「公約実現」も不可能になったという理由で、残念ながら、1950年9月に任期半ばでもって、知事の職を辞任している。[13]

(2)2期目(1950年11月~1954年10月)

2期目は津島文治知事にとって、1期目に比べると、いわば満身創痍の状態で〝山吹県政〟(=花はあるが実にならぬ)という批判が生じてきた時期でもある。すなわち、1期時代に手広く起こした事業の数々が財源難に出会い、このため、メタンガス、県営競馬事業、およびリンゴ振興会社は最終的に失敗に帰している。

2期目の施策における目標のモットーは、県民所得の増加、鉱工業の振興などであった。この面では、三沢、淋代地区の高周波、日曹製鋼、および報国産業などによる、1951年からの砂鉄採掘下北尻屋地区の石灰開発が緒についた程度で、むしろ県政の規模は全面的に縮小の一途をたどった。

例えば、県営競馬の廃止に続く1951年の県職員の大量人員整理などが、その一連の措置にほかならない。この間に、目立ったのは県中央病院の創設ぐらいだ。しかし、その一方で、この時期に焦点となったのは、久六島の帰属問題であり、2代目千葉元江・副知事の汚職連座による退陣、そして、1952年2月、3代目横山武夫副知事の就任などである。[14]

(3) 3期目（1954年11月～1956年6月）

この時代は、津島文治知事にとって、3選か否かの分かれ途で、県民世論は総じて、津島3選に反対していた。津島自身にも逡巡の色があったものの、結局、岐阜県の武藤知事に次いで全国で2番目の長期知事となった。

この時期の県政は、2期目以上に縮小期に突入、累積赤字5億円の再建整備が最大の重要課題となった。このため、2期目の終わりには、庁内外の機構改革、引き続いて3期目には、職員の中間給与案、県税増税など一連の施策を計画した。しかし、議会で反対にあって失敗に終わり、それが津島知事の退陣につながった。なお、3期目における津島知事の大きな仕事としては、八戸市に2つの工場誘致に成功したことが挙げられる。[15]

津島文治知事は、1956年5月29日、大島勇太朗・県議会議長に「一身上の都合により、退職したい」旨の辞表を提出、議会は6月1日、臨時会を開き、満場一致でこれを承認した。津島知事は1947年4月、初代民選知事に就任して以来、全国でも数少ない3選知事として、実に9年2ヵ月にわたり首長の座を占め、県民に慕われてきた。だが、今回の退陣で「津島県政」に終止符が打たれることになった。津島知事の退陣について、地元の『東奥日報』は、座談会「知事辞任とその波紋」の中で、次のように、津島文治の行政能力と中立性をたたえている。

木村美根三（弁護士）……みんな公平に取り扱ったと思う。側近を置いてまかせきりにし、自分はロボットになるということは決してなかった。特別な相談相手がなかったのがよかったのだ。だから自ら人の意見をきくという態度があり、稲葉経済顧問のような立派な人を迎えることができたと思っている。

相馬友彦（県リンゴ協会顧問）……ただこの人のために死んでもやるというところはなかった。

木村……そこが行政官としての優秀なところだ。津島さんも相当使ってよければ引き上げるし、悪ければ下げている。

本社……津島さんが行政官として有能なことは判るが、仕事の一々にタッチするので庁内のウケはよくないようだ。みんながはりきって仕事ができる態勢にすることが長たるものの任務と思うが。

相馬……一生懸命やったのに、ダメだとみると破れ草履を捨てるみたいに捨てるところがある。

木村……いずれにしても津島さんの公平毅然たる態度はえらい。その点だけは後でくる知事もマネができない。

本社……津島さんは意図がよかったんだが。気迫と決断が足りなかった。(16)

知事時代の津島は人事で選り好みがあると批判を受け、また学歴を重んじた。東京に顔がきき、学識豊かな人間を選ぶこと。これが津島の理想とする人事哲学だった。そこには、津島の一種の〃エリート好み〟が感じられないでもない。

当の津島文治知事は、正式に辞表を提出した5月29日、9年間の知事生活についての感想を聞かれて、次のように答えている。

「一口にいって民選知事は家庭相談所だった。余りにも雑用が多すぎる。1日に何時間か部下と打ち合わせる時間があればもっとなにか仕事ができたと思います。庁内に人が来ないときは外に行って葉巻の今日はここに（爆笑）としゃべらねばなりませんしね。個人生活も不自由ですしね、かってに街も歩けませんよ、パチンコは東京でしかやられませんしね(17)」。

見られるように、知事辞任を決意した津島は、くだけながら皮肉り、辞めたあとのサバサバした心をにじませた。

津島文治知事が辞任した直後、『東奥日報』は、社説「県民のための県政」という題で3回にわたり、津島県政の評価を試みている。それはかなり厳しい論調である。

いわく「津島氏が知事在任期間を通じて、一貫して県政の基本方針としてきたのは『今日の資本蓄積』『明日の電源開発』『明後日の青少年教育の充実』という3つであった。

しかし、この方針がどのように施策として具体化されたか、またその結果がどうであったか。とくに県の自主的な施策として多額の県費を投入した事業がどのように展開したのか。3選知事の多年にわたる広範な事業と実績を検討するとき、満足すべきものが少ないのに驚かざるを得ないのである。とくに不満としたいのは当初知事が目指した県政の科学性、合理性が一向に根ざしていないことである」と指摘している。

そして最後に、次のように、津島県政を要約している。「県民のために努力した津島氏であったが、県政からすでに目を離している県民が少なくない。これは津島氏が、直接県民の心に触れる県政推進上の問題点について納得させる合理性に乏しく、熱心に呼び掛けることに欠けていたからではなかったか。津島氏の掲げた県政の運営上の３大基本方針は真に県民のためのものである。そのための施策がいろいろ制約を受けながらも、なお推進を必要とすることを県民が納得するならば、県民の協力はおのずから集まるはずである[18]」。

後に、副知事を経て知事となった民選第４代の北村正哉は、津島知事について、対議会工作に欠陥があり、与党内から反発を食い、足りなかった話し合いと評し、次のように批判する。同じ行政の最高責任者を経験した人の話なので、説得性を有している。

「津島知事は人物としては認めるが、知事として見た場合、近代的な感覚を持ちその素質がある半面《ママ》、古いという感じも受ける。いわゆる知事には〃これが政治だ〃という駆け引きや謀略を使うことを本道と考えているという印象を受ける[19]」。

4、おわりに

津島文治が青森県知事に就任していた時期は、1947年から1956年のおよそ、9年余。年齢でいえば、満で49歳から58歳までで、男として、政治家として脂の乗った働き盛りであった。この間、津島は県政立て直しのために、全身全力を傾けたのである。

ところで、福島常作の手になる『文治先生行状記』は、津島文治が知事時代に示した人間味とエピソードを綴ったもので、貴重な資料である。津島が県知事時代に秘書を勤めた福島常作は、著作の中で、行政官としての津島について述べている。ただ、元側近の話なので割り引いて受けとめる必要がある。

津島知事について、「文治先生は、筋金入りの政治家として自ら任じるだけに、政治のかけひきはもとより、行政についても極めて見識が高いとされている」。「先生はまた折り目の正しい人であった。外部からの客人に対してはまことに慇懃すぎると思われる位であった」。「文治先生は、側近の職員をどやしつけもしたが、よく面倒もみた。ポケットマネーでしばしば茶菓子の御馳走をした。義理がたい先生は、盆暮れには秘書課の職員はもちろん、直接関係のない守衛、用務員にいたるまで必ず贈り物をした」。「文治先生位公私のけじめをつけた人はあるまい。当然に公費で支払うべきものまでも、とかく自分のポケットから支払うことがしばしばである」、とほめ称えている。[20]

その上で、津島という人間を次のように評している。褒めてはいるが、かなり〝情張り〟だと揶揄している。著作の中では、知事に虐められたエピソードも散見され、津島という「人間性」がよく描かれている。結論の下りを見てみよう。

「青森県の初代民選知事として、昭和22年4月から昭和31年6月まで、3期10年にわたって県政に尽力された津島文治先生は、稀にみる清廉な政治家であったことは周知のとおりであります。先生はきわめて思慮深く、しかも礼儀正しい方でありました。先生ほどかたくななまでに公私のけじめをつけた方はなく、また一方津軽の大地主の後嗣として生を授けただけに、その一徹さは、いわゆる津軽人の典型ともいうべき情張りな方でもありました」。[21]

青森県教組の執行委員長として、津島文治、山崎岩男、および竹内俊吉の3人の知事と県教組を代表してやり合った秋元良治は、津島知事のことを、〝理づめの理論派タイプ〟だったと示唆。その上で、県行政の最高責任者であった津島知事について、次のように高い評価を与えている。「津島が知事時代に最も難儀したのが財政難と並んで労動攻勢であった。津島知事は労組との交渉で出来ないことを約束したり、その場の気色で事を運ぶことは決してしなかった。ただ、約束したことは必ず守った」。[22]

しかし、行政最高責任者としての津島文治知事、ことに辞職については、批判もないわけではない。例えば地元紙の『デーリー東北』（本社・八戸市）は、津島知事を〝文人でオールド・リベラリスト〟だと評価する一方で、津島の身勝手な行動を批判している。

「3選と云々されながら県民の信任を得たことを考え、しかも任期半ば以上も残していることを合わせ考えれば、知事はこの問題に関し感情的であり、しかもセンチ過ぎたのではないか。津島個人としてでなく、民選知事としての自覚があったなら、また違った手段があったのではないか[23]」。

このように、津島の行動になかなか手厳しい。同様の指摘は、『陸奥新報』（本社・弘前市）の社説「知事辞任と県議会および警察当局の態度」にも、散見される。

「われわれからみれば、まだ2年余ものこっている在任期間において、さらにいっそうがんばってそれらの諸事業の円滑な進歩に努力し、その他県政一般についても仕上げかけていくようにするのが本筋であり、そういくのが民選知事としての正しい在り方であって、それでこそ選挙民にたいする義務もはたすことになると思われるのに、選挙民の声もきかず卒然としてみずから退陣のみちについたのは[24]……」。

いずれにせよ、津島文治は、政治家として出処進退が鮮やか過ぎるのを、最大の特色とする。それは、戦前の、県議会議員不出馬や衆議院議員就任辞退の際に鮮明に示されており、津島の「外柔内剛」的な性格をよく表している。

当然のことながら、津島文治にも「表の顔」と「裏の顔」がある。津島知事は、表面は慇懃無礼でとっつきにくい面があった。しかし、裏では、馬鹿話もするし、冗談の1つもする気さくな面を持ち合わせていたのは間違いない。[25]

津島文治知事の1期目に請われて副知事に就任した、官僚出身ではなく科学者の松野傳は、津島県政の在り方を次のように評している。

「県政に科学性を付与するということは、あらゆる事象を客観的に見て、正しい確実な基礎条件のもとに、合理的な方法によって計画が企画構成されることである。その場合単なる思いつきや、いわゆるカンだけでは出来るものではなく。逆に早飲みこみと早合点は禁物であり、厳に戒めねばならないことである」[26]。

津島文治にとって、9年2ヵ月にわたる知事の座は、一面で極めて厳しいものであった。とくに、終始、労働攻勢、財政難、および部下の不始末（副知事の逮捕・辞任）に追われ、また県議会でも与党の分裂に悩ませられた。しかし、その一方で、津島が9年2ヵ月、3期の長期間にわたり知事の座に君臨していたということは、混乱した戦後直後の時代には珍しい。それだけ、県民の支持が高かったという、証拠ではないのか。それが、津島県政を支えてきた土台でもある。

〈注〉

(1)　藤本一美「大統領制」藤本一美編『講座　臨床政治学　第4巻　政治学の基礎』〔志學社、2014年〕。

(2) 詳細は『地方自治法』第7章、第2款　権限　第149条〔担任事務〕を参照。
(3) 『朝日新聞』2017年6月11日。
(4) 工藤愛助「金木町長時代の先生」『清廉一徹』〔筑摩書房、1974年〕172〜173頁。
(5) 『青森県農地改革史』〔不二出版、1990年〕174頁。
(6) 秋山耿太郎・福島義雄、『津島家の人びと』〔筑摩書房、2000年〕97頁。
(7) 工藤「金木町長時代の先生」前掲書『清廉一徹』171〜172頁。
(8) 同上、175頁。
(9) 同上、174頁。秋山・福島、前掲書『津島家の人びと』98頁。
(10) 工藤「金木町長時代の津島先生」前掲書『清廉一徹』。『金木郷土史』〔金木町役場、1976年〕915頁より再引用。
(11) 同上、913頁。
(12) 「津島知事が辞任―週間の動き」『陸奥新報』1956年6月3日。
(13) 「政治行政」『東奥年鑑　昭和31年版』〔東奥日報社、1956年〕40頁。戦後の青森県で「リンゴ税」が占める重要性については、藤本一美『戦後青森県の政治的争点　1945年〜2015年』〔志學社、2018年〕を参照。
(14) 同上、『東奥年鑑　昭和31年版』40頁。
(15) 同上。
(16) 『東奥日報』1956年5月30日。秋山・福島、前掲書『津島家の人びと』182〜183頁。
(17) 「津島知事辞表を提出」『陸奥新報』1956年5月30日。その一方で、津島知事はむずかしい人だから、秘書の方は骨がおれたようだ。元秘書課長の下川速水は津島知事について次のように述べる。「知事さんの、強烈な個性は、地方の貴族ともいうべき大地主で、（衆）議員の家に、後継者として生まれ育った環境から身につけられたもので、それを初代民選知事として官選知事時代の慣習にとらわれずに、遺憾なく発揮された」（下川速水「折り目正しいご性格」前掲書『清廉一徹』232頁）。
(18) 「社説：県民のための県政（3）」『東奥日報』1956年6月1日。
(19) 「座談会：(2) 上―知事辞任とその波紋」『東奥日報』1956年5月28日。
(20) 福島常作『文治先生行状記』〔北の街社、1978年〕「はじめに」。津島は、知事交際費を自分では全く使用せず、知事個人の支出も大であったのに、自前で支払い、公私を厳格にしていた（下川速水「折り目正しいご性格」前掲書『清廉一徹』２３２頁）。
(21) 福島、前掲書『文治先生行状記』79、90、94頁。同書には、津島知事のジョッパリ精神ときむずかしさが、よく描かれていて面白い。しかし、内容は内輪話しに終始、津島にとって知られてこまる内容もあったろう。福島は、その後、秘書を解任された、と聞く。
(22) 秋元良治『知事交渉15年―対決の旋律』（北の街社、１９８７年）参照。
(23) 「不連続線―県議会解散の道が残されていた」『デーリー東北』１９５６年5月30日。
(24) 『陸奥新報』１９５６年5月30日。
(25) 前掲書『金木郷土史』９０８頁。中村清次郎「名利にこだわらず」前掲書『清廉一徹』１０８～１０９頁。
(26) 松野傳『副知事の回想』（今泉本店、１９５０年）４頁。

第六章　津島県政下の事業

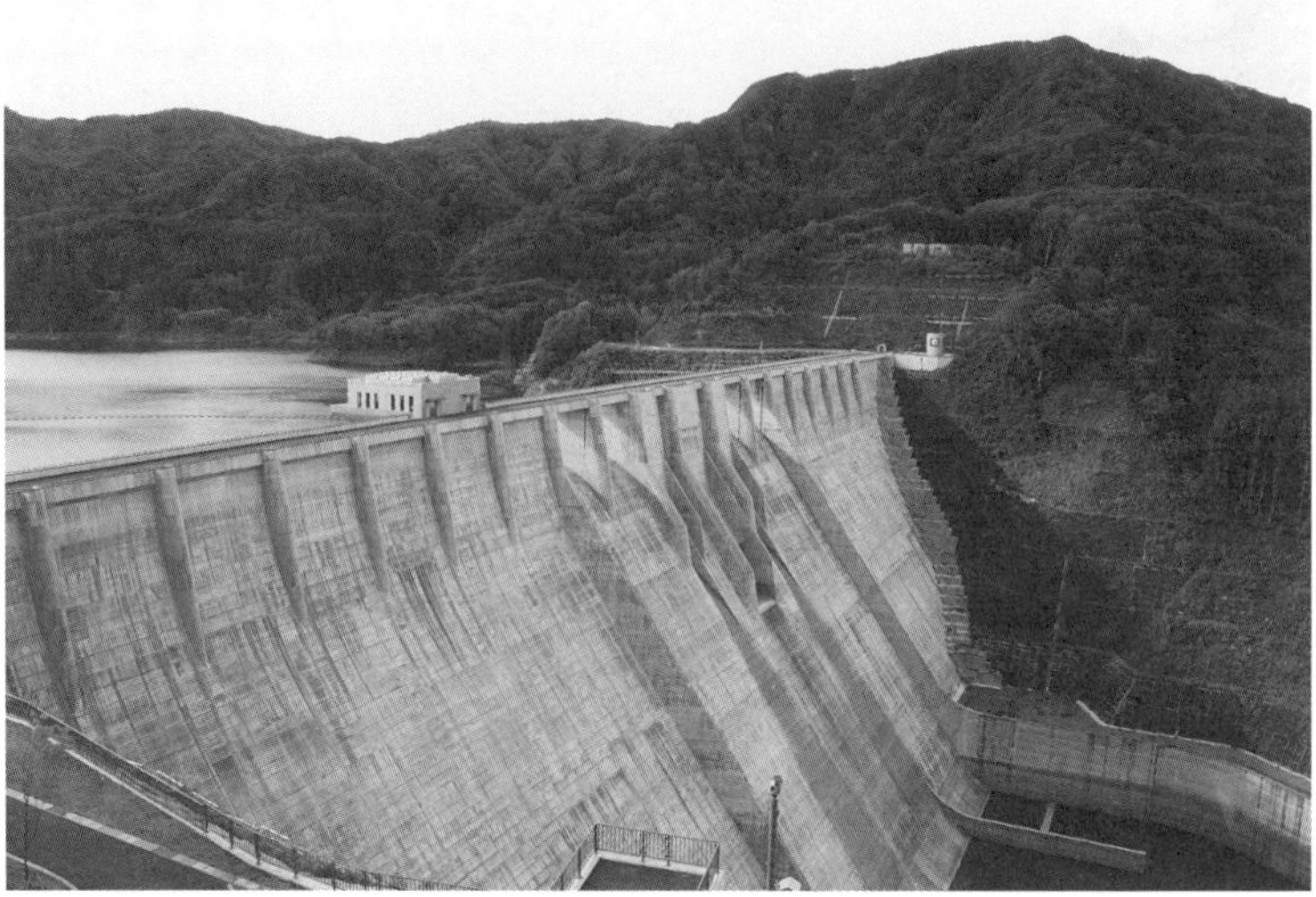
目屋ダム

現在の青森県立図書館

青森県競馬会

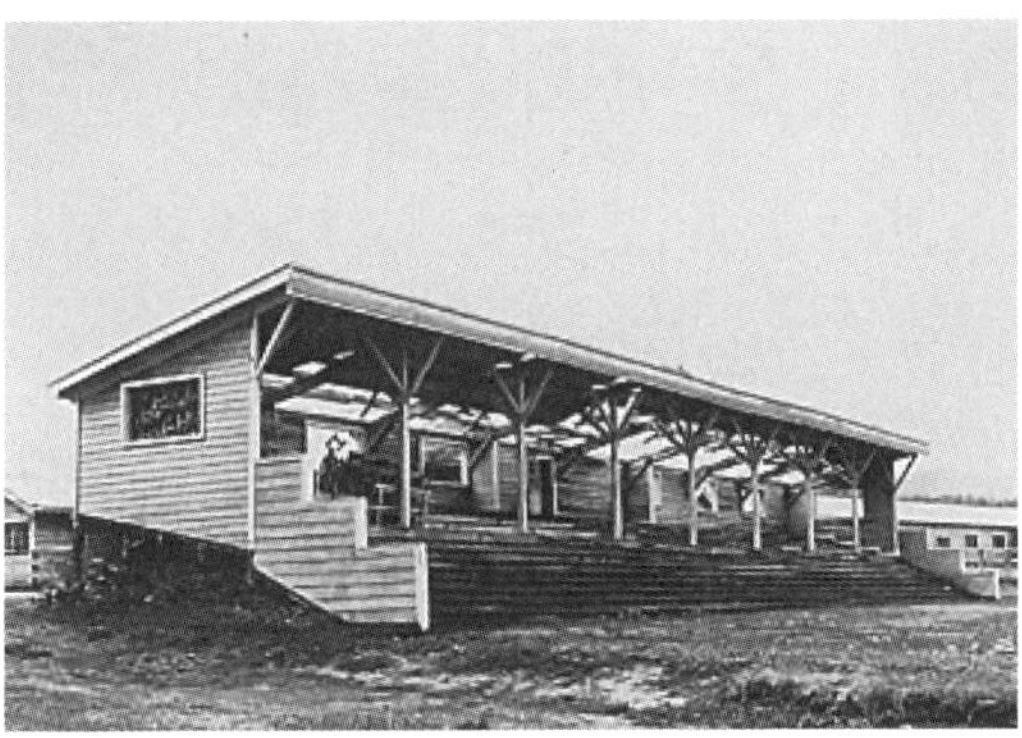

青森県営競馬場・スタンド

1、はじめに

1956年6月1日、津島文治知事の退任が県議会で正式に同意され、ついに9年2ヵ月の長期にわたった津島県政は、終わりを告げることになった。津島知事が退任の挨拶をした後、自民党の高谷金五郎は、津島知事が達成した公約の実現について、次のように感謝の気持ちを述べている。

「この間公約である施策は実現を見、事績顕著なものであり電源開発、上北地区酪農、北部上北地区の開発、青少年教育の充実、資本の蓄積、中央病院、図書館、水産の方では25年津鷹丸、30年度には385トンの青森丸の建造、八戸工業地帯の火力発電所、日曹製鉄工場の誘致など数限りなく、特に地方財政再建に意を払い、本県のみ自主再建の方針を決定したことは特筆に値する」(1)。

しかし、その一方で、津島県政下で挫折したいくつかの事業があったのもまた事実である。それでは何故、津島知事が高邁な理念のもとに、立派な公約を掲げながら、成功を収めた事業と失敗に帰した事業が存在するのであろうか。その背景とは一体何か。それが第六章の基本的課題である。

本章で成功を収めた事例として取り上げている事業は、⑴財政再建と機構改革、⑵県西電源開発、⑶目屋ダム、および⑷県立中央病院と県立図書館である。これに対して、失敗した事例として取り上げている事業は、⑴企画室構想、⑵青森県営競馬、⑶空券事件、および⑷リンゴ振興会社である。その他に成功した事例としては、例えば、八戸新産都市指定・港湾整備、また失敗した事例として、メタンガスなどがあるが、象徴的な事例のみを取り上げる。

これらの事業は、いずれも高邁な理念のもとに、津島知事のリーダーシップが絡んだ事業であって、津島文治の行政能力が鋭く問われ、県民の賛否を呼んだものである。以下に、各々の事業の背景、経緯、および結果を分析する。

2、成功事例

(1)財政再建と機構改革

戦後間もない頃の青森県は、他の県と同様に、財政難に苦しんでいた。そこで県民の理解を得るために、県庁は毎年県の財政事情を『青森県報　号外』として発行していた。その中で、1948年11月に出された「青森県財政事情説明書」の3、「県財政の一般的状況」によれば、県税収入や国庫交付金の増加により〝財政の破滅〟から抜け出ることができ、1947年度決算では、9000万円の繰越金が生まれた、との記載がある。[(2)]

しかし、その後インフレの進行で、人件費・物件費の高騰を招き、予算規模では1948年度は1945年度の約22倍に膨張すると予想された。県予算の編成は「生産増強、経済再建整備、民生安定」を基本に建てられたものの、予算の爆発的膨張は単年度中にも進行、当初の予算額が2倍、3倍にも加算した。予算のほとんどが人件費で占められていたのが最大の特色であって、県財政は一時借入金でしのぎ、バランスを維持していた。[(3)]

図表〈１〉戦後の青森県財政

1945年度	繰越金額	1,230万円
1946年度	同	270万円
1947年度	同	9,270万円
1948年度	同	１億6,780万円
1949年度	同	5,760万円
1950年度	赤字	450万円
1951年度	同	１億4,829万円
1952年度	同	１億5,900万円
1953年度	同	５億1,069万円
1954年度	同	５億8,067万円
1955年度	同	４億8,145万円
1956年度	同	２億8,725万円
1957年度	同	２億6,169万円
1958年度	同	１億3,761万円

出典：福士重太郎「赤字財政の台所を預かる」『青森県議会史　自昭和28年～至昭和34年』〔青森県議会、1960年〕755～756頁

１９４７年から１９５６年に至る、９年間の津島県政を概観するならば、財政問題を頂点にして２つの大きな危機に直面し、そのいずれも回避できなかったことである。１つは１９５０年の税制改正によるリンゴ税の廃止で、今１つは財政再建方策に絡んだ県職員の昇給昇格問題である。その意味で、津島知事は、財政問題で足をすくわれたと言っても過言でない[4]。図表１は、戦後の青森県の財政事情を示したものである。

留意すべきは、津島知事が、苦しい県財政事情にもかかわらず、自主財政再建政策を打ち出し、果敢に長期の年次計画を樹立、「心苦しいが県民に対して１割程度の県税増加の負担をして欲しい」と訴え、県職員の給料を押さえて、増税を意図したことである。だが、県議会の与党は知事の方針を蹴ってしまい、それが、津島知事の辞任を招いた最大の要因であった[5]。

津島文治は知事時代に、「県財政の独立性」を盾に財政の自主再建路線に取りくんできた。ことに、津島知事の倹約県政、緊縮予算などに象徴される政治姿勢は見上げたものである。津島知事は退任の挨拶の中で、県財政の現状について次のように指摘している。

「県財政の健全化は県行政の根幹をなすことはいうまでもなく赤字は厳に避けねばならぬが29年度は遂に5億円に達しこれ以上の累積は県行政運営上重大な局面にのぞむことになるので30年度はあらゆる工夫の結果、ただ今の見通しは、実質繰り上げ充用額約3億1200万円、事業費繰り越しの一般財源未措置分8100万円、計3億9300万円なので、前年度に比較して1億800万円程度の赤字減少となった。かように、県政の今後は諸施策の各分野において、また健全財政確立の面において、多事多難なものがある」[(6)]。

津島知事の退任承認に当たり、これまで津島県政に対して、終始反対の立場をとった社会党の佐藤義男議員さえも、財政再建については、津島の姿勢に次のように評価を与えている。

「今、お別れに際し津島さんの功績を大きく称えたい。知事選挙の公約は後進性の脱却であったが、その効果は今実を結びつつある。また各県とも非常に問題になっている赤字解消については他の県は法（＝地方財政再建促進特別措置法）による再建整備を考えている場合に、津島さんは民主主義の基盤である地方自治体の権限を縮小することなく、自主再建の方途をとり、国が考えている法の整備という圧迫から断固対決したその姿、私ども社会党は津島さんに大きく敬意を払う」[(7)]。

県の財政難に直面していた津島文治知事は、一方で県の機構改革―人員整理にも着手している。1951年2月27日、県議会の第23回定例会中に、津島知事は1951年度予算を提案し、新しい構想を説明した。この中で、津島知事は県職員400名の減員を本年度内に行い、機構の簡素化を明言した。当然、それは大きな問題となり、県職員組合は猛反対した。津島知事は、前年8月の地方税制改革以来、極端な財政難に直面し「事業縮小化、しからずんば人員整理か」の二者選択しかなく、後者を執ることを決定したのである。そのため、定例会での質疑の中心は職員の人員問題に集中、人員整理について野党の民主党、社会党、および共産党は、津島知事に撤回を強く求めた。[8]

より詳しくいえば、県議会の第23回定例会は2月27日に開会、会期を3月18日までの20日間と決め、続いて津島知事から、1951年度県歳入歳出予算案が説明された。1951年度の県予算は、歳入歳出とも前年度を当初予算より5億7507万円増加、41億3099万円に上った。だが、津島知事は提案説明の中で、次のように述べて、議会の内外で物議をかもしたのである。

「節約の要点は、給与費において教育の教員700名を増員したが、県職員についても将来新規模の増員を必要とする事務の増加のあることも予想されるが本年度内に400名の減員を行い、さらに機構の簡素化を行うことにした[9]」。

上で述べたように、県としては「事業縮小かしからずんば人員整理か」という2つの方法しかなく、津島知事も結果的に後者を採用して県政を運営していきたい、との方針を明らかにしたのであろう。[10]

これに対して、県職員組合の方は、「今回、知事の整理声明は政府の低賃金政策に対する追従政策であると非難し、本部および支部で職場大会を開催するなど、県首脳部の意図を不当であるとして絶対反対である」との決意を表明した。[11]

開会中の県議会でも質疑の大部分は人員整理の問題に集中、ことに野党の中でも民主党、社会党、および共産党から活発な質疑が展開され、400人の大量の人員整理に関する影響をどのように考えるかなどについて質問があった。野党議員の批判に対して、津島知事は「整理といっても、年々250名が自然退職するので実際の出血は200名程度である。これらの出血整理者は傍系団体や病院、教員などに振り向けたい。部課の統廃合は県政の上にプラスになるよう慎重に進めていきたい[12]」とまったく平然のごとく答弁している。

この答弁を踏まえて、6月30日に開催された県議会の第24回定例会において、県側は「職員に対する退職手当の臨時措置に関する条例案」を提出、退職者の優遇措置を講じ、希望退職者の途を開いて400人の退職者実現に備えた。その上で、津島知事は定例会の冒頭で県財政の窮迫を説明し、1952年度末までに7億円の赤字を背負うだろうと述べた。

野党の強い批判に対して、津島知事は現段階では、大量の整理が極めて困難であるとの認識を披露したものの、最終的に当初見込まれた400人の整理の完全実施を強調、年内にその目的を達した。しかもその後、津島知事は強力なリーダーシップを発揮し、1952年度内に地方事務所の廃止を断行すると共に、「第2次行政整理」も断行したのである[13]。

このように、津島知事は、県行政の最高責任者として決断、果敢に力を発揮し、財政健全化を名目にして機構改革を行い、その1つのやむ得ない手段として県庁職員の削減に踏み切ったわけである。

⑵県西電源開発

戦後、我が国では建設資材の不足などから、長期の電力不足が続いた。政府はこれを解消するため、1951年電気事業再編成による独立採算制と発送配電一貫運営で経営の責任体制を確立した。1952年には、電源開発会社を発足させて大規模開発に当たらせ、1957年度を目途に電源開発5ヵ年計画をたて、開発工事は急速に進んだ。一方、青森県でも、十和田水系、県西の赤石川、追良瀬川、笹内川水系、および岩木川水系の電源開発に着手した。(14)

東北電力が総工費30億円を投じて開発した、「西海電源」は西津軽郡鰺ヶ沢町の赤石川上流、深浦町の追良瀬川上流、および岩崎村笹内川上流の3つの水系を利用し、第1大池、第2大池、および松神の3つの発電所を開設しようとするものであった。それは1952年12月に着工、1956年4月に完成にこぎつける事業である。電力量も最大11万キロワット、日量237万1000キロワットと、完成すれば本県の電力事情に大きく寄与するものであった。

しかし、この工事をめぐっては、地元民が、灌漑用水や漁業補償問題と絡んで強力な反対運動を展開、津島県政を揺るがし、県議会で激しい議論を招いた。赤石村の農民が反対する理由は、3つの発電所を建設して赤石川の水量を追良瀬川、笹内川に誘導すれば、赤石川流域の農民は灌漑用水に困り、また赤石川のサケ、アユ、フナの定置漁業ができなくなる、というのだ。そこで、東北電力は3つの発電所建設を変更、赤石単独の発電所を建設し、その利用した水を再び赤石川に還流して灌漑用水に利用させる、と手直しをした。(15)

赤石村議会は、3項目を解決する条件の下で、電源開発に同意する旨を決議、県および東北電力に通達する一方、反対派農民の説得に努めたものの、不成功に終わった。しかし、県は農民との折り合いがつかない間に、1957年10月31日付けをもって東北電力に赤石川の水利権を許可した。これに憤慨した農民たちは、兼平清衛・村長や村議会議員と対立、問題を一層複雑にした。結局、にらみ合いの末、農民たちは村長と村会議員に対して、賛成議決を取り消す誓約書を書かせた。

このように、西海電源開発は着工前から紛争を重ねており、県民から大きな関心を持たれ、この問題は県議会でも論議を呼んだ。社会党の島口重次郎は、「津島知事は電力会社を第1義に考え、農民大衆を第2義に考えているところに津島県政の批判がある」と迫った。これに対して、津島知事は、「東北電力に水利権を許可したのは昭和14年から24年までの10ヵ年の水量を調査して灌漑用水に不足がないという結論を得たからだ。……今後折衝を行っていくうちに農民の了解を得て事情が円満に解決するものと思うが、私は農民に犠牲を強いてまでやるつもりはない」と答弁している。[16]

事態を重く見た県議会の土木常任委員会は、現地農民から実態を聴取するため委員を派遣、地元農民と直接話し合いをもった。村当局を除けば、農民は全て反対であった。問題は地元農民が強く反対していたのに、会社側が徐々に工事の準備をしていたことである。この実情は中央にも反映され、同年11月、参議院議員の田中一のほか、農林、建設、通産各省の係官も来県して調査した。その結果、地元農民の納得を条件に12月4日、正式に工事実施の認可が下りた。納得のいかなかった農民も、これ以上の反対は無理という意見に傾き、以後、交渉課題は補償問題に移る。[17]

1952年12月から工事に着手した西海電源の3つの発電所は1956年3月31日、竣工にこぎつけた一方、東北電力側は赤石村に補償金を支払い、また県側も水産漁協組と沿岸漁民に補償金を支払った。かくして、西海電源3発電所は4月早々営業を開始、常時2万キロワットの電力を生み出し、それは電力事情の緩和に貢献、青森県の産業、経済、および文化の発展に大きく寄与した。西海電源3発電所―県西電源開発は、津島知事、県庁、および県議会が一致団結して協力、成功に導いた事業の1つの事例である。[18]

(3)目屋ダム

岩木川総合開発の一環として洪水調整を行い、津軽平野の灌漑用水を補給、電源を確保することを目的としたのが、目屋ダムである。工事は1957年に開始され、事業費18億5000万円をかけて、1960年3月に完成をみた。高さ60メートル、幅4メートル、長さ170メートルの直線重力式コンクリートダムである。[19]

岩木川上流の西郡目屋村山神平に建設された「目屋ダム」もまた、県西電源開発と同じく大きな争点となった事業の1つである。何故なら、目屋ダムの建設について、湖底に沈む砂子瀬集落の農民が挙げて反対の態度をとったからである。

目屋ダムの補償問題については、すでに1953年県議会の定例会で、右派社会党の島口重次郎議員が取り上げ、次のように県側に質している。

「目屋ダム建設によって津軽平野は益々開拓され県産業振興に大きく寄与することは喜ばしい。然しこのため犠牲者を見殺しにしてはならぬ。28年度建設省予算ではダム建設に7000万の予算が計上されたが、県は数年前からダム建設に努力しながら予算が決まるまで地元民と話し合わず、手段を講じてこなかったことは遺憾である。地元民は反対しているが県はどのようにして円満解決して行くのか。その具体策はあるのか」。

この質問に対して、津島知事は次のように答弁している。

「津軽平野の治水、利水、そして電源開発のため目屋ダムの建設は本県にとって急務である。然しその反面将来湖底に没まなければならぬ西目屋砂子瀬部落民の心情を思う時私としても忍びざるものがある。そこでこれらの人々に対する補償の問題であるが原則として現在より生活がよくなる事が基本的な線でなければならぬと思う。県は部落民の気持ちになって地元と一体になり国に対しその補償に万全を期して貰うよう要請する」[20]。

その後、紆余曲折がみられた。しかし1955年秋、目屋ダム工事の測量が終了、補償について建設省と折衝、その補償基準は必ずしも農民側にとって満足するものではなかった。だが、直接増額を陳情した結果、県の感謝料、協力料が決定、1956年1月、ついに円満な妥結を見た。そして翌2月12日、調印式を挙行。1959年12月20日、目屋ダムは貯水を始めたのである。

目屋ダム建設の事業は県内ではじめてであり、それだけに、目的や構想が地元農民に理解されず、協力を得るのも至難の業であった。しかし、津島知事が彼らを直接説得したのをはじめ、県側は横山武夫・副知事らを現地に派遣、農民たちとの間で粘り強く話し合いをもち、妥結にこぎつけた。目屋ダムの効果は、治水、灌漑、発電にまでおよび、県内とりわけ津軽地方の発展に大きく貢献したことは間違いない。目屋ダムも、津島知事がリーダーシップを発揮して成功に導いた事業の1つである。

津島は知事時代、農民の運動に次のような認識を示し、〃リベラリスト〃としての一面をうかがうことができる。「民主主義の精神に則り、農民の意思に任せろ、無理をすれば後で崩れる。時代の推移とともに農民の意識は向上するものだ」。津島知事は無理押しが嫌いで、時期をよく見ていた。津島の政治に対する信念は、「是々非々」であり、透徹した心境で諸事万端に処した、という。[21]

(4)県立中央病院と県立図書館

県立中央病院は、津島文治知事が施政面において、最も力を入れた事業の1つであり、当時青森市に過ぎたものを作った、といわれたほどである。厚生省の指導の下で、「全国モデル病院」として企画され、〃メディカル・センター〃として青森県内の医療機関改善の役割を果たした。現在、県立中央病院は、青森市民を含めより多くの県民から「県病《けんびょう》」と呼ばれ、親しまれている。その設立理念は「高度・特殊医療の提供」、「医療・医学教育の実施」、および「地域医療の支援」である。[22]

厚生省は、県立中央病院の建設計画に全面的な協力を与え、北大医学部の支援体制（院長は、青森県人としては最初の医学博士で、北大総長の今裕を招聘）と相まって、中央病院の誕生と推進に大きく寄与した。同病院は、1950年10月に着工、1952年3月に第1期工事が竣工。開院当時は、内科、外科、小児科、産婦人科、皮膚泌尿科、および放射線科の6科で、4月に完全看護、完全給食、105の病床の承認を得て出発した。

1952年5月、眼科、11月には精神科、そして12月、耳鼻咽喉科を開設、病床も本院分院併せて340余を有するに至った。もとより、近代的施設に必要な条件を備えるには、多くの課題が山積、また財源を起債に仰ぐ必要から開院にこぎつけるまで多くの課題があった。だが、それを乗り越えた津島知事のリーダーシップは見逃せない。津島知事は県立中央病院の創設に最大の力を注いだのである。[23]

そのほか、津島文治が知事時代の初期に成功を収めた業績の1つに、県立図書館の復興がある。県立図書館は、1900年に青森市の「青年倶楽部」の「図書部」を市民一般に公開したのが前身で、1904年に「私立青森図書館」となり、1907年に青森市に寄贈、「青森市立図書館」を経て、1928年4月12日に県に寄贈され、青森県立図書館として設立・開館、翌年には鉄筋3階建ての書庫が完成した。

しかし、1945年に本館が戦災により焼失して休館、翌年の2月には仮設として開館し10月に木造新築として開館したものの、11月の県庁火災で類焼した結果、蔵書11万冊が焼失し再び休館となった。翌年には木造平屋建ての仮設として開館、1953年6月6日にようやく新館が開館する運びとなった。

津島文治は知事として、県立図書館の再建に最大限尽力した。戦後、財政状態が芳しくなかった時期に、県立図書館の建設に貴重な予算を割いたのである。図書館本館自体の新設を望む声が内外から高まり、津島知事や県議会も積極的に運動を起こした。ところが、戦後不況の波と青森大空襲で焼失した青森市街の復興のため、県の財政は逼迫。そのため、図書館新設は、運動の高まりにもかかわらず思うように進展しなかった。

しかし、1953年6月6日、県立図書館は全館完成を待たず、1階が完成した段階で開館した。それだけ、県民は図書館の開館を待ち望んでいたのだ。2階と3階が落成したのは、同年10月31日。内外装工事などを含め、全館竣工を見るのは、翌年の1954年9月13日になった。新築落成で、県立図書館は名実ともに近代図書館として再出発した。[24]

改めていうまでもなく図書館は、人類文化の記憶と記録を保持し、継承し、伝達することを役割とする社会的機能の1つである。それと同時に、社会生活を営む市民を対象として、その役割を誠実に実行に移すための社会教育施設の面をもっている。[25]

図書館新館の建設に関する初めての公的な発言は、1948年12月の第10回定例県議会で津島知事が「図書館の復旧も考えねばならない」、と述べた答弁においてである。翌1949年3月の第11回定例議会で、津島知事は「県立図書館の新設に500万円計上した」と説明、初めて同館建設で予算化という具体的な進捗があった。[26]

財源不足などで工事が遅れるなど紆余曲折はあった。だが、県立図書館の新館工事は1953年10月31日に完了。無事に落成にこぎつけ、2階、3階（講堂を含む）も一部内、外装工事を残して竣工となった。新しい県立図書館は、本県文化の一大センターとして、また北日本のモデル図書館として県都青森市の中心部に誕生。新しい県立図書館の特色は、本来の図書館「奉仕機能」のほかに、「展示機能」や「集会機能」を持ち合わせており、3機能を備えた図書館として、全国の図書館の模範となった。[27]

3、失敗事例

(1)企画室構想

すでに述べたように、津島文治は知事に就任早々、「科学的行政」の推進を打ち上げ、1947年9月、企画室を設置した。企画室は2年後の1949年9月に廃止されるまで、地下資源、水産資源調査のほか、「第1次経済白書」の作成など、開発行政の指針、基礎作りに当たった。[28]

初代「民選知事」に当選した津島文治が最初に示したのが「企画室構想」であり、知事の就任式でもその片鱗を紹介し、第1回臨時県議会（組織会）で正式にその構想を披露している。

「先日私は就任式の折に青森県の政治は過去における政治の踏襲でも延長でもない。これから新しい青森県を作り上げる覚悟でなければならないと述べた。青森県を新たにつくり替えるためには今後青森県の万般に対する企画がなければならない。県庁の中に企画室を設け、そこにその方面の練達堪能なものを集めて青森県の文化方面、産業方面を如何にすべきかを科学的に研究調査せしめるのが第1の必要である」[29]。

津島知事の構想は、副知事の人選を政治的練達の士でなく、技術家を招聘して、企画室の室長を兼務させることにあった。そこで、本県出身で、岩手県の県立六原農場長の農學博士・松野傳に白羽の矢がたち、副知事に任命して、企画室機構の概要を作成させた。

企画室は津島知事が遠大な理想の実現を期したもので、その後も地下資源、電力資源、および石油探索など基本的調査を行い、また弘前総合大学設置既成同盟会を結成するなど、結果的にその報告書が、本県の科学的行政に大きな意義をもたらした。ただ、その中身については、県議会で強い批判を浴びたのもまた事実である。[30]

実際、知事の当初の意気込みとは裏腹に、企画室構想は必ずしも順調に進まなかった。その大きな理由は、企画室の性格と各部局間との運営・権限をめぐる行政上の対立が大きかったことである。にもかかわらず、企画室の運営は進行し、１９４９年9月までに、地下資源の調査、水産資源の調査、天然ガスの調査、石油探鉱（重力探鉱）、下北郡総合開発計画の作成、弘前総合大学設置既成同盟結成、電力資源調査(包蔵水力調査)、盛岡八戸間送電線増（6万ボルト2回線）既成同盟結成、第1次経済白書発表、などの報告を行い、県政にとって重要な役割を果たした。だが、その具体的成果といえば、それほどでもなかったというのが、正直なところである。

企画室の直接的な任務は終わったので、１９４９年9月20日をもって、ひとまず、企画室を廃止、知事室長調査課と機構を改革して付随する調査を続けることにした。なお、企画室長である松野副知事は１９４９年12月5日付けでもって、一進上の都合を理由に辞職した。本当の理由は、松野が腹を立てて、部下に暴力を振るったからである。[31]

⑵青森県営競馬

競馬法と地方競馬法が改正されて1本化し1948年7月19日から、新しい競馬法が施行された。その結果、地方競馬は基本的に府県が行うことになった。青森県でも、1948年度から県営競馬を実施。出走馬は関東、東北、および北海道から多数来て、地方競馬としては稀なる売り上げを示し、農林省から折り紙をつけられたほどであった。当初、県営競馬は、県が期待したように、有力な財源になるように見えた。しかし、現実には、県当局の担当者は経験がなく素人で、やがて運営に行きづまってしまう。そのため、1950年に至り、散々な成績となり、営業不成績で赤字が100万円もあるといわれる始末であった。その後、県営の競馬事業は不振に陥り、一時開店休業の状態となった。[32]

県営競馬の実施・続行については、県議会で野党議員から批判が相次いだ。これに対して、津島知事は、「馬の脳炎が流行したため、馬匹の移動が禁止され、そのため競馬の開催が遅れたのが赤字の原因である。将来経営に改善を加えていけば赤字を見ないことを確信する」と自信に満ちた答弁をしている。[33]

だが県は、増大する赤字に勝てず、結局、2年後の1952年3月に招集された第29回定例会において、「青森県営競馬実施を当分の間休止」と提案せざるを得ず、議会もこれを直ちに可決した。県営競馬の運営は、津島県政9年2ヵ月の失政の1つとして、県民の間から大きな批判を浴びたのである。

⑶空券事件

戦後の青森県は、未曽有の食糧難に苦しみながら連合国の支配下におかれていた。そうした特殊な環境下で発生したのが、空米事件とも呼ばれる「空券事件」である。[34]

空米または空券とは、農家が供出した米を町村が出荷して食糧営団の倉庫に納入するのが建前である。それを書類上だけで納入、あるいは数量をごまかして納入し、その穴埋めにあとで県から還元される操作米で埋め合わせようとしたのである。その際、カラクリは県が暗黙の間に示唆したものなのかどうかが問われ、事情は極めて微妙であった。その点が県議会で問題となり、検察庁の出番となる。[35]

当時、県の食糧課長であった福士重太郎は、この問題の背景には特殊な事情があったとして、次のように語っている。青森県軍政部と市町村との間で苦悩する県職員の声である。

「終戦後の混乱期に行われた21年産米供出は、供出責任者たる市町村長の追放と、それに供出した政府米を自分の町村外に搬出するのを拒否する〝自主管理〟など悪条件が重なり難航を続けた。連合国総司令部（ＧＨＱ）は政府に対し、供米割り当て量の一割増強を指示する一方、他方で供米を完納しない府県には輸入食糧を放出しないと強行方針をとり、青森軍政部も供米不振の町村責任者を呼び出して占領政策の非協力を責めた上で、日限を示して完納をせまった[36]」。

県当局は、軍政部に完納を延長してもらい、さらに食糧管理局の承認を得て保有米を供出した農家に支給する還元米を2万石と決め、供出割り当て完遂を奨励した。その結果、割り当て数量を大幅に上回る成績となった。

ただ、これには裏があった。県下１６４市町村のうち、83町村で、一旦供出米を納入してから還元配給米の支給を受ける建前になっているのに、それを省略、書類上だけで供出を納入し還元米の支給を受けた体裁にしたのだ。空券は公文書偽造として、報奨金、報奨物資の取得には詐欺、横領の嫌疑がかけられた。問題はこの経緯について県、食糧事務所、および町村がどこまで関与していたのかである[37]。

１９４８年秋までに官憲による捜査は急速に進み、地方事務所長、町村長らが検挙・起訴された。10月29日、ついに最高責任者である福士食糧課長が逮捕、司直の手が県首脳に迫った。津島文治知事も事情聴取され、この問題は県議会で論議を呼び、11月９日の議会では、津島知事は、「福士課長の無罪を信じているが、最終判決で有罪になった場合潔く知事の職を退く」、と進退をかけた答弁をしている[38]。

この事件では、多くの関係者が起訴された。だが、青森地裁は１９４９年5月19日、無罪判決を言い渡し、検察側は控訴を断念、全員無罪でもって終結した。空券事件は占領下の特殊な事情が生んだ悲劇であり、その摘発には、背後から軍政部の強い圧力があったといわれるが、その真相は定かでない[39]。

(4)リンゴ振興会社

県は、１９４８年12月29日、リンゴの画期的振興を図る目的で、「青森林檎《リンゴ》振興会社」を設立した。当初、資本金は３０００万円、設立発起人は櫻田清芽・県議会議長が代表となり、県議11人、リンゴ団体10人の陣容であった。初代社長には、衆議院議員の苫米地義三が就任した。

この会社設立の背景は何かといえば、次のような事情があった。すなわち、戦後、リンゴの統制がはずれ、それとともに、不信用な取引が横行するのを防ぎ、多額のリンゴ税収入をまとめて資本形成し、本県の大産業であるリンゴ産業を一元化する理想である。

資本金は、翌１９４９年に１億２０００万円に増資、県が５０００万円、リンゴ関係市町村が

5000万円、生産者および業者2000万円で、累計すると1億5000万円の出資が完了した。しかし、同年のリンゴは大暴落、貸し倒れが続出するなど、会社は最初からつまずき、赤字が問題視された。[40]

リンゴ振興会社の世評については、1951年6月に招集された県議会第24回定例会での質疑・応答が分かりやすい。

外川鶴松議員……兎角の批判のあるリンゴ振興会社は巷間伝うるところによれば、赤字さらに赤字のために今や経営困難になり、本年中に閉鎖整理するという噂と、もう1つはこれが内容と機構を整備拡充して従来の政略的な伏魔殿振興会社の汚名を返上して新発足するという2説がある。その真偽を率直にお答え願いたい。

津島文治知事……リンゴ振興会社が危機に瀕しているというのが私共の承知している限りにおいてはそういうことはない。今年度も幾らかの赤字はできたかも知らないが、それは決して会社の存立を危うくする程度の危険ではないので振興会社は着々その使命に向かって活動していると心得ている。[41]

だが、津島知事の強気の弁明にもかかわらず、その後、リンゴ振興会社は経営不振から青森銀行の管理下に置かれ、また1954年、資産と人員を整理して弘前市に移転、翌年4月から黒石市で加工業（ジュース）を開始したものの、これも失敗。そこで1957年には、県ジュース会社に設備を移譲し、結局、1963年9月16日に至り解散の憂き目をみた。[42]

リンゴ振興会社は、津島知事の当初の意気込みとは逆に、事業それ自体が竜頭蛇尾の結果に終わってしまった。いわば〝殿様商売〟は有終の美を飾ることなく、沈没を余儀なくされたわけである。

4、おわりに

以上、津島文治が知事時代に取り組んできた主なる事業の一部を紹介、成功した事業と失敗した事業とに分類して評価を試みた。津島知事が推進した事業の評価を正確に行うことは難しい。何故なら、いつの時点で、プラスあるいはマイナスと判断するかという問題もあり、直ちに評価はできない面もあるからだ。いずれにせよ、津島知事が県の行政の最高責任者として、戦後の困難な時代に、全力で各種の事業に取り組んでいったことだけは、間違いない。

本章での記述は成功した事例は詳しい反面、失敗した事例は書き急いだ感がしないでもない。ただ、失敗した事例を詳細に述べたところであまり生産的とはいえない、と忖度したからである。

それはさて置いて、1954年3月5日、県議会の第37回定例会では、うるさ型の社会党左派の米内山義一郎議員が、一般質問で以下のように津島知事が展開した業績を問い、責任を追及している。

「津島知事は就任7年を経過し、任期もあと半年になったが、これといった業績も上がらず、数多くの失政が行われた。こういうことに対して、政治上の責任を明確にすることは、民主主義の発達に必要であり、県政進展のためにも重大問題である。メタンガスの失敗、県営競馬、リンゴ振興会社の失敗など、頰冠りで通れるものでないと信じる」。

このような批判に対して、津島知事はいきり立って、直ちに反論している。その答弁は、理屈では決して負けてはいない。

「県政をやって行く場合、多少の失敗はあるが、失敗に対していちいち責任をとって辞職するということはどうかと思う。私はかって、リンゴ税について潔く辞職し、不明を県民に謝した。競馬は失敗したというが、競馬場は相当の財源として見込まれ、リンゴ振興も不手際であったが、貢献した点もないわけでない[43]」。

9年2ヵ月という長期間、知事の座に君臨してきた津島文治にとって、知事職は必ずしも居心地が悪かったわけではあるまい。多くの事業を推進するにあたり、県民の高い支持があったからこそ、9年2ヵ月、3期もの長期間、知事として力を発揮できたのである。その意味で、一面では、知事時代の津島文治は、政治家としては幸せな時期だった、といってよいのかもしれない。

津島文治が引退を決意したのも、公約した事業が曲がりなりにも第一歩を踏み出し、目途がたち、安心できる段階に達したと認識したからである。それが知事引退を決意させた大きな要因であった。つまり、津島文治は知事として、持てる力を全て出し切ったと認識したのであって、そこでこの際、第一線を退き後進に道を譲るにはよい潮時だと判断したのではなかろうか。津島文治は、ちょうど数え年でいえば60歳という還暦の時に達していた。そこで、知事の職に見切りをつけたのである。[44]

〈注〉

(1) 『青森県議会史　自昭和28年～至昭和34年』〔青森県議会、1960年〕405頁。
(2) 「青森県財政事情説明書」『青森県報　号外』〔青森県、1948年11月30日〕。『青森県史　資料編　近現代5』〔青森県、2009年〕113頁から再引用。
(3) 前掲書『青森県議会史　自昭和28年～至昭和34年』33～40頁。
(4) 「社説：県民のための県政（2）」『東奥日報』1956年6月1日。
(5) 前掲書『青森県議会史　自昭和28年～至昭和34年』39～40頁。
(6) 同上、409頁。
(7) 同上、40頁。地方財政再建促進特別措置法とは、昭和30年（1955年）法律195号。地方財政の健全化の措置として1955年に実施された法律である。1950年代初期は地方財政の逼迫が激しく、1954年度には全国の地方公共団体の約40％、2281団体が赤字団体であった。このため同法により、財政が破綻し財政再建団体に指定された地方公共団体の財政運営に国が介入、職員数の削減、給与水準の適正化、新規事業の繰り延べなどの支出節減と、地方税、使用料、手数料の増徴など収入の増加をはかる厳しい財政再建措置を求めた。これとともに国からの財政援助として、特別交付税による一時借入金の利子補給、起債制限の緩和、財政再建債の発行（公営企業にかぎる）などの措置がとられた。2009年に廃止され、地方公共団体の財政の健全化に関する法律に継承された。
(8) 前掲書『青森県議会史　自昭和28年～至昭和34年』397頁。
(9) 『東奥日報』1951年2月28日。
(10) 『東奥年鑑　昭和26年度版』〔東奥日報社、1951年〕69頁。
(11) 『陸奥新報』1951年3月3日。

(12)『青森県議会史　自昭和21年～至昭和27年』（青森県議会、１９５９年）４７１頁。
(13) 同上、ただその一方で、１９５４年の春、県教組の５者協議会との会談で、津島知事は苦しい県財政にもかかわらず、教育予算の要求について、「はい、解りました。皆サマがたからのご要望については、清水の舞台から飛び降りた気持ちで善処しまさはで」と、きっぱり言い切っている。この事実を、元県教組委員長の秋元良治は、津島を「ひとつの事柄や場面を表現する話術の才能は、まさに天下一品だ」、と評している（秋元良治『知事交渉15年―対決の旋律』（北の街社、１９８７年）97、１０１頁）。もちろん、政治家たるもの、演説や話題で有権者の心をつかむのも大事な才能の１つである。
(14) 奈良憲昌「県西電源問題」『青森県百科事典』（東奥日報、１９８１年）３０１頁。
(15) 前掲書『青森県議会史　自昭和28年～至昭和34年』99～１０１頁。
(16) 同上、１００頁、『東奥日報』１９５３年３月14日。
(17)『東奥日報』１９５３年12月５日。
(18) 前掲書『青森県議会史　自昭和28年～至昭和34年』１０２頁。
(19) 晴山紀子「目屋ダム」前掲書『青森県百科事典』９０２頁。
(20)『東奥日報』１９５３年３月14日。
(21) 前掲書『青森県議会史　自昭和28年～至昭和34年』７４０頁。三上兼四郎「農業は国の本の教え」『清廉一徹』（筑摩書房、１９７４年）１４７頁。
(22) 前掲書『青森県議会史　自昭和28年～至昭和34年』７４９頁。
(23) 同上、７５０～７５１頁、津島知事自身体が弱く、よく風邪で熱を出した。その際、中央病院に寄ってペニシリンをうってもらっている（福島常作『文治先生行状記』（北の街社、１９７８年）１０８頁）。病弱であった津島は黒皮のハンドバックに、常に「睡眠薬、風邪薬、咳止め、目薬、ビタミン剤、消化剤、胃酸剤、鎮痛剤、および健胃剤」をしのばせていた（秋山耿太郎・福島義雄『津島家の人びと』（朝日ソノラマ、１９８１年）参照）。
(24) https://www.pref.aomori.lg.jp/bunka/culture/mukashiaomori06.-44k
(25) 竹内俊吉「序」『青森県立図書館史』（青森県立図書館、１９７９年）。
(26) 同上、２９８～２９９頁。
(27) 同上、３２６頁。

(28) 山内善郎『回想　県政50年』〔北の街社、１９９７年〕29頁。
(29) 前掲書『青森県議会史　自昭和21年～至昭和27年』45頁。
(30) 同上、47頁。
(31) 松野傳『副知事の回想』〔今泉本店、１９５０年〕序。
(32) 前掲書『青森県議会史　自昭和21年～至昭和27年』２６４～２６５頁。
(33) 同上、１５３頁。
(34) 二葉宏夫『青森県の事件55話』〔北方新社、１９８３年〕１５１頁。
(35) 前掲書『青森県議会史　自昭和21年～至昭和27年』１６３頁。
(36) 同上、１６７頁。
(37) 二葉、前掲書『青森県の事件55話』１５３頁。
(38) 前掲書『青森県議会史　自昭和21年～至昭和27年』１７３～１７４頁。
(39) 二葉、前掲書『青森県の事件55話』１５３頁。
(40) 工藤睦男「リンゴ振興会社」前掲書『青森県百科事典』９５２頁。
(41) 前掲書『青森県議会史　自昭和21年～至昭和27年』２２８頁。
(42) 工藤、「リンゴ振興会社」前掲書『青森県百科事典』９５２頁。
(43) 前掲書『青森県議会史　自昭和28年～至昭和34年』１７９～１８０頁。東奥日報記者の松岡孝一は、津島知事在任９年間を総括して、３つの大失敗を挙げている。「１つはメタンガス開発失敗（西郡のある村）、２つ目は県営競馬。３つ目はリンゴ振興会社・第３セクターのはしりのような存在で県のＯＢを使って不成功に終わった（松岡孝一『一地方記者の記録―東奥日報とともに半世紀』〔東奥日報社、２０００年〕３４９頁）。
(44) 「座談会（２）上：知事辞任とその波紋」『東奥日報』１９５６年５月28日。

第七章　国会議員——津島文治

国会議事堂

衆議院本会議場

参議院本会議場

1、はじめに

津島文治は知事職を退いた後の1958年5月22日、青森第1区から自民党の公認を得て、衆議院総選挙に出馬し当選した。知事職から衆議院議員に転身を図ったのである。津島にとって、衆議院議員への出馬はこれが最初ではない。周知のように、戦前の1937年4月30日の衆議院総選挙に出馬し、当選している。ただ、この時には、津島派の選挙違反の責任をとって、衆議院議員職を辞退している。次に、津島が衆議院総選挙に出馬して当選したのは、それからおよそ9年経過した、戦後の1946年4月10日の総選挙の時で、日本進歩党の公認候補者として出馬し見事に当選した。しかし津島は、翌年の1947年3月6日、知事選挙に出馬するため、せっかく手にした衆議院議員の職を、簡単に手放している。

津島文治は、それから9年2ヵ月知事職を務め上げたあげく、再び1958年5月22日、自民党の公認を得て、地元の津軽の青森第2区からではなく南部の第1区から衆議院総選挙に出馬し、当選した。次の1960年11月20日の衆議院総選挙でも、再選されたものの、だが1963年11月21日の衆議院総選挙で、〝選挙のプロ〟を任じた津島は、初めて落選という恥辱を味わう。

そこで津島は、今度は参議院議員に転身を図る。すなわち、１９６５年7月4日の参議院通常選挙に自民党の公認を得て、青森地方区から出馬し当選。次いで6年後の、１９７１年6月27日の参議院通常選挙でも再選されている。しかし、津島は参議院議員として2期目の途中の１９７３年5月6日、風邪から肺炎を起こして永眠した。津島は満で数えれば75歳の時である。

津島文治は、甥で後に衆議院議員となり、厚生大臣を務めた津島雄二に対して、晩年、次のように述べており、興味深い。そこには、国会議員としての、津島の姿勢が鮮明に表れている。

「わたしは長い政治生活を送ってきましたが、もう締めくくりの時期にきております。このような現在、たった1つだけ為残した仕事があるような気がします。それは、大臣の職を得ることでもなければ、勲章をもらうことでもありません。国会で後世に残る立派な質問をし、後の人びとに少しでもお役に立つようなことを議事録にとどめおくということです(1)」。

本章の課題は、国会議員としての津島文治の活動、特に国会での発言に焦点をあて、その内容を検討することである。衆議院議員に当選すること4回、また参議院に当選すること2回、終始「陣笠議員」として過ごした、津島の国会における活動の足跡を辿る。なお、陣笠議員とは、政界用語で、国会や政党内部において、地位や影響力の低い議員をいう。近世の合戦において、兵士が鉄や皮製の陣笠をかぶっていたことに由来している。

2、衆議院議員

津島文治は、１９４６年４月10日、衆議院総選挙に出馬して当選、晴れて国会の赤じゅうたんを踏んだ。しかし、翌１９４７年３月６日、知事選に出馬するため、衆議院議員を辞任している。〃代議士〃として は１年に満たない期間であった（永田町では、衆議院議員を〃代議士〃と、一方、参議院議員を〃議員〃と呼んで区別している）。津島がその間に、国会で何かしらの案件について質問したという記録は、筆者が調べた限り確認できなかった。

津島文治が、次に衆議院総選挙に出馬したのは、知事３期、つまり９年２ヵ月の長期にわたった知事職を辞職する１９５６年６月２日から、約２年の「休息」をとった後の１９５８年５月22日のことである。青森第１区から自民党の公認を得て出馬し当選した津島は、すでに60歳に達していた。それから１９６３年11月21日に実施された衆議院総選挙で敗退するまでの５年６ヵ月余り、津島は代議士の座にあった。

津島文治は、後任の青森県知事、すなわち、山崎岩男衆議院議員と入れ替わるかのように、１９５８年５月22日、衆議院議員に就任する。これまでは〃首長〃として、あたかもアメリカやフランスの〃大統領〃のような大きな権限を有し、県政で強力なリーダーシップを発揮して、思うように采配を振るってきた。しかし、政権与党＝自民党の一員であったとはいえ、今度は467人も存在する衆議院議員の中の「一兵卒」として活動することになったのだ。この当時、国会では日米安保の改定や、警察官職務執行法改定が大きな政治問題となっていた。

それでは、自民党所属の一介の代議士として、津島文治は国会でどのような活動をし、いかなる発言をしていたのであろうか。この間、津島は、1960年7月、自民党総務に就任、同年の12月には、外務政務次官に、そして1962年7月には、農林政務次官という具合に、2回生の代議士にしては重要なポストに就いている。そこには、岸信介首相から自民党総裁の座を禅譲された池田勇人首相の「宏池会」と称する派閥の意向が反映されていた。

池田勇人と津島文治がいつ頃から昵懇になったかはよく分からない。津島は1946年、池田に先立って衆議院議員に当選。津島が知事時代、池田は大蔵大臣や通産大臣に就任しており、その時に親しくなったものと思われる。池田は大蔵大臣時代に側近の黒金泰美を大蔵大臣秘書官に、また首相の時は、内閣官房長官に抜擢した。黒金は、池田の大蔵省の後輩で、仙台の国税局長時代に、津島と親交があった。そうした関係もあって、池田派（＝宏池会）に所属したのではないのか、と思われる。[(2)]

それでは、津島文治自身は代議士として肝心の国会において一体何をしていたのであろうか。おりしも、1958年から1959年にかけて、岸信介内閣の下で、いわゆる安保騒動の渦中で、国会は乱闘騒ぎであった。実際、津島と同じく青森県第2区選出の革新勢力の代表＝社会党の淡谷悠蔵などが議長席を占拠、そこに自民党の山梨県全県区選出の金丸信が清瀬一郎議長をおんぶし、大挙して押し寄せた。その際、津島代議士はその最後に陣取り、わっしょいわっしょいと叫んで、背後から押していた、という。[3]

また、衆議院で警察官職務執行法の審議が大詰めにきた時に、強行採決が必至という場面で、議長室や議場入り口で議員同士の衝突が始まった。当時、津島の秘書であった岩田正は、「津島先生は第一線にいて危ないから、早く連れ戻した方が良い」と仲間の秘書から教えられ、懸命にさがしたところ、「やっと先生をみつけた。議事堂の廊下の窓枠の辺りは、石積のせいか少し広い。そこにちょこんと腰をかけていた。廊下一杯に押し合い、へし合いしている議員の中で、そんな所に腰を下しているのは先生だけだった」と証言している。[4]

従来、代議士時代の津島文治の行動に関しては、どちらかと言えば、否定的な見解が幅を利かせていた。つまり、荒れた国会での代議士・津島の軟弱な行動に象徴されるように、地元有権者たちの面倒をあまり見ず、関係省庁への紹介も行わず、「陳情処理能力」に欠けている姿勢に、批判の声が高まっていた。[5]しかし、衆議院での津島文治の発言を詳細に見ると、青森県選出の代議士として含蓄に満ちた質問を行い政府の見解を質し、適切な対策を要請していた津島の姿を垣間見ることができる。その意味で、衆議院時代における従来の津島像を修正する必要があろう。

『国会会議録検索システム』の検索結果を利用すると、津島文治は国会において全部で88回発言（質問・答弁を含む）を行っている。[6]代議士としての5年6ヵ月の間で、88回の発言というのは、野党議員ならばともかく与党議員だった点を考慮した場合、決して少なくない回数である。1年間に10回強の割合であり、その内訳は本会議1回、委員会87回である。また、委員会別では、決算委員会が30回、農林水産委員会が20回、災害対策委員会が14回、外務委員会が7回、地方行政委員会が7回、内閣委員会が3回、決算委員会が2回、文教・農林連合委員会が1回、予算委員会が1回、社会労働委員会が1回、および地方・災害合同委員会が1回である。決算、農林、および災害対策委員会での発言が際立っている。ただ、正確に述べるなら、津島文治の決算委員会、農林水産委員会、および災害対策委員会での発言は、全て、農林水産政務次官や外務政務次官として、つまり、政府委員側としての〝答弁〟にすぎない。津島は県知事時代、農業県である青森県の米やリンゴの新種開発・発展などに尽力していたから、農林水産政務次官職は適任であった、と思われる。

次に、委員会および本会議における津島文治の代表的な質問の一部を紹介して、代議士時代の津島文治を再評価しておきたい。

○**津島委員**　次にお伺いをいたしたいのは、交付税がどうして生まれるようになったのであるか、また交付税の有する性格というものがどういうものであるかということについて、1つ申し上げたいと思うのであります。

御承知の通り、現代の経済構造のもとでは、財源の定期的不均衡は免れ得ないところでございます。この不均衡を救済して、さらに計画的な運営を保障する方途を講じなければ、自治体の財政というものは確立できないのであります。こういう意味において、過去において地方財政補給金というものが考えられたのであります。さらにまた、これが配付税に考えが進んで、さらに御承知のシャウプ勧告による平衡交付金というふうに進んで、今日の交付税までに進んで参ったのであります。交付税の考え方は、財源の調整にとどまらず、財源保障制度としてかなり整備されてきているものと思うのであります。という面から私どもは交付税というものを考えておるのでございますが、今回の自治庁のおとりになった改訂というものは、私は、この交付税の持っておるところのよい慣習を著しく破ったものである、かように考えます。いわゆる財政の進歩的な今日までの歩み方に対して、大きく逆行をしたものではないかというふうに考えられるのでありますが、この点に対しまして、どんな考えをお持ちでございましょうか。……

○津島委員　私は、先ほども申し上げました通り、交付税というものの性格から見まして、やはり弱小県というものの財政運営、それから行政水準の向上というものを考えていかなければならない、かように考えるものです。従いまして、こういう観点から考えますと、今回の改正というものが、新設をしたというようなものにつきましても、どうしても富裕県に有利でありまして、貧弱県には不利であるというように進んだと思わざるを得ないのであります。(7)

質問内容の一部を見てもわかるように、津島文治は代議士として、約9年間の長期間におよぶ県知事としての経験と知見を十分に活かし、交付税について、その歴史、意義、および現状、並びに改正の問題点に関して含蓄に富んだ鋭い質問を展開している。衆議院時代の津島は、当時大問題であった安保改定や警職法改正についての対応において、やや軟弱ともいえる「政党人」として行動を批判されがちである。しかし、津島がいわば「言論人」として立派な質問をしていることを、指摘しておきたい。

なお、衆議院代議士時代、津島文治は本会議で1回のみであるが、外務政務次官（外務大臣は大平正芳）としての立場で、次のような答弁をしている。

○政府委員（津島文治君）　お答え申し上げます。

海外移住の大部分を占めておるものは、ただいまお話の通り、農業に関する移民でございます。従いまして、この農業移住の振興につきましては、今後いっそうの努力を続けて参ることはもちろんでありますが、これがためには、海外移住実務の充実をはからなければなりません。そのために、現在の日本海外協会連合会及び移住振興会社を一本化して海外移住事業団を設立いたすことにいたしたのでありますが、事業団に対しましては、その十分な創意と濶達な活動を行なわせるためには、これに対する監督はできるだけ簡素化する必要がございますので、外務大臣におまかせすることにいたしたのであります。しかし、海外移住政策全般につきましては、農林省といたしましては、農業移住の促進と農業移住者保護の立場から、外務大臣を初め関係者大臣と密接に連結協議をいたしまして、その万全を期するとともに、また、事業団運営の基本方針につきましても、海外移住事業団法により、外務大臣の協議に応ずるほか、外務者との実質的協力体制を確保することにいたしておるのであります。

さらにまた、農協等が自主的に行なう移民事業につきましては、その創意と熱意とを尊重いたしまして、その活動を支援、助長することにいたしておるのであります。(8)

この本会議での答弁は、津島文治が外務政務次官として、海外移住に関して、派閥の親分である大平正芳・外務大臣の答弁を補足する形で行ったものである。津島文治が、外交問題の専門家であったのかについては、若干疑問を感じないわけでない。というのも、津島自身が外務省での就任挨拶のなかで一度も外国にいったことがないし、英語はできない、と述べているからだ。自民党の大派閥＝「宏池会」に所属していたので、同じ派閥の大平正芳・外務大臣を補佐するべく、外務政務次官を引き受けたのであろう。

以上の点を踏まえて、総合的に判断するなら、代議士としての津島文治には、理論構築にすぐれた才能を示しており、しかも質問・答弁も巧みである一方、他方では行動力にやや欠けており、病気がちな身体を大切にしなければならない60代に入った初老の政治家の姿が見え隠れする。津島は大平派の自民党員としては、必ずしも閨閥に熱心に励んでいるとは、いえなかったものの、青森第1区選出の代議士としては、それなりに責任と義務を果たしていたのである。

3、参議院議員

この当時、衆議院議員の定数は467で、中選挙区制の下で選出されていた。一方、参議院議員の定数は250で、地方区（実質、小選挙区制）と全国区（実質、比例代表制）の下で選出されていた。参議院議員は、人物本位で「良識の府」などと、いわれていた。

津島文治が参議院議員の職にあったのは、1965年7月4日から1973年5月6日までの約8年間である。この間に津島議員は、1966年1月と1967年3月と、2回にわたり自民党青森県支部連合会の会長に就任、また1967年3月には、列国議会同盟へ参議院派遣議員団長としてスペインに派遣され、さらに翌1968年1月には、参議院の地方行政委員会の委員長に就任している。続いて1969年1月、参議院の自民党副幹事長に、そして1971年7月、参議院自民党の総務に、そして1972年10月、自民党の両院議員総会の副会長に就任している。かなり多忙であった。

津島文治はかつて、〝参議院というところはし、齢をとって孫のお守りをするようになってから行ぐところでね〟とポツリと漏らしたことがある。いって見れば、津島は政治家としての終着駅が、参議院議員になることだという意味で、意見を述べたのであろう[9]。

その参議院通常選挙に、津島文治は１９６５年７月４日、青森地方区から出馬し当選。時に、文治は67歳に達していた。いわば老境の時期に入りつつあった。そして６年後の１９７１年６月27日には26万６３３票と知事時代をうわまわる票を獲得、圧倒的な差で再選された。津島議員は73歳の高齢になっていた。

議員時代の津島文治の国会での活動を見ると、１９６５年７月、参議院議員に当選した議員を集めて「初心会」と名乗る同期会を結成、その会長となり、30名の同期議員たちと政策、予算、および人事面の政策集団として活動しているのが目につく。また、１９７２年７月の自民党総裁選の時には、大平正芳を中心とした宏池会―参議院では「火曜会」と称したグループの一員として、大平政権実現のために尽力、参議院政策懇談会を立ち上げ、文治はその会長に就任したのが、特筆される[10]。つまり、この時期「政党人」として活発な動きを見せている一方で、「言論人」としては、代議士時代に比べると、津島の発言は半減しているのである。

先に引用した『国会会議録検索システム』の検索によれば、この間、議員として、津島は36回発言（質問・答弁を含む）している。１年間に約４回の割合で、その内訳は本会議６回、委員会30回である。委員会別では、地方行政委員会が25回、次いで科学技術振興対策委員会が５回で、地方行政委員会の委員長として「答弁」が際立って多い。

ただ、参議院議員時代の津島には、衆議院代議士時代のような、これといった興味深い切れ味のある発言はあまり見られない。６回に及ぶ本会議の発言も全て地方行政委員会委員長としての委員会報告の類である。参議院議員時代の津島の活動で目につくのは、上で述べたように、スペインで開催された列国議会同盟への議員代表をつとめたこと、また地方行政委員会委員長に就任したこと、並びに参議院内の大平派勢力をまとめるため尽力したことである。

次に、参議院議員時代における、津島文治の本会議と委員会での発言の一部を紹介しておく。最初は委員長としての報告である。

〇**政府委員（津島文治君）** 土地改良法の一部を改正する法律案につきまして、その提案理由を御説明申し上げます。

土地改良法は、土地改良事業の実施のための基本的な法律として昭和24年に制定されまして以来、数次の改正を経て今日に至っておりますが、この間、本法に基づきまして各種の土地改良事業が施行され、農業生産力の増進とわが国経済の発展に寄与して参ったのであります。

ところで、最近における農業とこれをめぐる社会経済的諸条件の変化にかんがみまして、このような事態に対応して農業の発展と農業従事者の所得の向上をはかって参りますためには、農業基本法に掲げられております諸施策を総合的かつ効率的に進めて参らなければならないと考えられますが、そのためには、これらの施策のうち、農業生産の基盤の整備及び開発に関する事業につきましても、そのいっそうの適切かつ合理的な実施をはかり得るよう改善の措置を講ずることが必要であると思われます。したがいまして、この際、事業実施の状況に照らし、また、農業基本法の指向する新たな観点に立って、土地改良制度の全般についてその改善合理化のための法制的措置を講ずる必要があると考えるのであります。(11)

ここに見られるように、津島文治は農林水産委員会の委員長として、農業県である青森県選出の議員らしく、土地改良事業の施行、農業生産力の増進とわが国経済の発展に関する知見が感じられる提案理由である。その内容は、本会議に報告され、その後の5回にわたる本会議での報告につながる。

津島文治議員の発言で注目したいのは、十勝沖地震が発生した時の、災害対策特別委員会での質問であり、それは光っている。

1968年5月16日、十勝沖地震が発生、青森県でも県南地方を中心に大きな被害が生じ、被害額も大きかった。5月16日、午前9時48分、青森県を中心に東北・北海道を襲った。いわゆる「十勝沖地震」は、震度がマグニチュード7・8で、被害は震源地に近かった八戸市を中心とした県南地方が最もひどく、青森市と下北地方がこれに続いた。当初、青森県内の死者は34人、行方不明者9人、負傷者80人、家屋被害1200、道路損壊72ヶ所、船舶沈没・流失21隻であった。被害は刻々と膨れ上がり、この時点で被害総額は33億1000万円に達した。[12]津島議員は十勝沖地震への対応について次のように、青森県の現状を踏まえて、政府の対応を質している。

○津島文治君　きょうは、時間が非常に短いものでありますから、私はただ1点お尋ねを申し上げます。なお、ただいま総務長官から御報告がございまして、政府におかれましても、よくこの被害の状況を御認識になられまして、激甚災の24項目ございますか、そのうち8つ御指定くださいましたことにつきましては、私ども感謝をするものでございますが、どうぞ、さらにまた検討を加えまして、これに加えられることを地方民が非常に熱望しておるのでございますから、それをまずお願いを申し上げます。

そこで、この鉄道のことでございますが、鉄道は、尻内から青森まで東北本線非常に被害をこうむりまして、国鉄はあらゆる面からその復旧に努力をいたされたようであります。ようやくにいたしまして、12日目に開通をいたしました。まだ非常に速力が出ないのであります。15キロ程度のところがございますが、とにかく開通をいたしたのでありまして、非常に地方民も心強く思って、勇気もこれによっていよいよ出てまいったような次第でございます。これは国鉄に対しまして、その御労苦に対しまして、私は敬意を表するものでございます。しかし、特に総務長官もおいでになっておりますから申し上げたいのは、野辺地から大湊に至る線でございます。これは約55キロ程度だと思います。これはまだようやく復旧の緒についたばかりでございます。1月ほどかかるというのであります。これは本州の最北端の線でございまして、非常に地方民から見ますれば重要な路線でございます。国道はございません。国道のない、日本には珍しいそうでございますが、国道はございません。僅かに幅の狭い県道で往復をいたしておるような次第でございます。私ももちろん現地に参りましたが、あの県道にたよることはまことに遺憾な次第でありますので、これは1月といわず、さらに工期を繰り上げて、地方民の要望に沿うことはできないかどうか、まずこれを国鉄の方からお答えを願いたいのでございます。(13)

引用がやや長くなってしまった。重要なことは、津島文治が、青森県選出の参議院議員として、十勝沖地震で被害が甚大となった地域への復興援助を求めて、政府の適切な対応を求める質問を行っており、議員として決して無為無策に過ごしていたわけでないことである。その意味で、参議院議員時代の津島文治の国会での活動と発言についても見直したい。ただ、見方を変えれば、津島自身の選挙区＝地元である青森県南部地方で、十勝沖地震により大きな被害があったのだから、一介の議員として、地元の復興のために努力・奮闘して汗をかくのはある意味で当然であり、国会議員としてはごく当たり前の行動であった。

4、おわりに

今回、本章を執筆するため、津島文治の国会発言を調べる機会があり、その過程で、偶然に津島の発言を再発見できるという収穫があった。それは知事時代2期目の1951年3月23日の段階で、津島が国会、つまり衆議院運輸委員会に「参考人」として出席し、発言していることである。衆参両議院の議院規則では、委員会において審査または調査のため必要があるときは、参考人の出頭を求め、その意見を聴くことができることが規定されている（衆議院規則第85条の2、参議院規則第186条）。

この当時、青森市に国鉄の鉄道管理局を誘致、設置することをめぐり、青森県内では挙県運動が続けられ、大きな問題となっていた。知事就任2期目の津島文治は、青和銀行頭取の小館貞一、青森商工会議所会頭の田沼敬造、青森市長の横山実、および青森リンゴ振興会社社長の安田吉助とともに、参考人として、運輸委員会に呼ばれ、鉄道管理局を青森市に設置する必要性について、発言をしている。

最後に、津島文治知事が参考人として述べた発言を紹介して、本章のおわりとしたい。津島知事はこの時53歳、脂の乗った政治家として、次のように熱弁を振るっている。

まず、「昨年8月日本国有鉄道はその機構を改革させられまして、爾来今日まで約8ヵ月を経過いたしたのでありますが、その間の経験に徴します。青森市に管理局を設置していただく必要をますます痛感いたす次第であります。今その要点を申し上げたいと存ずるのであります」と、冒頭に挨拶。次いでまず第1点は、青森市の交通の重要性を指摘。その上で、第2点は、本県産業との関与を説明。その上で、第3点は、管理局設置の意義を展開。最後に、国有鉄道当局の施設の面から見て、青森は国鉄5大操車場の1つとして数えられており、これらの施設を総合的、有機的に活用するなら、最も有効な成果が上ると思う、と結んでいる。

津島は「以上申し上げましたように、わが青森県は、単に地理的に交通の要衝であるばかりでなく、原産物の生産県として国有鉄道自体の収入及び施設の面から見ましても、東北地方においてはぜひ青森鉄道管理局が設置さるるのが当然であるという理由を述べた次第であります」と説明した。

その上で「以上県民の強い輿論を代表して申し上げたのでありますが、委員会におかせられましては、何とぞ速急に青森管理局の設置方について、格別な御配慮をお願いいたしたいと存ずるのであります」と青森市への配慮を強く訴えている。(14)

周知のように、青森市に国鉄の鉄道管理局を誘致することは、結局失敗に終わったもの(15)の、しかし、津島文治が知事として2期目に入った1951年の時点で、当時の青森県が置かれた政治、経済、および運輸状況の実態を国会の場を借りてつぶさに紹介した貴重な内容である。

〈注〉

(1) 津島雄二「生涯の課題」『清廉一徹』〔筑摩書房、1974年〕183頁。津島雄二については、藤本一美『戦後青森県の保守・革新・中道勢力─青森県選出の国会議員』〔志學社、2017年〕第一部第7章を参照。

(2) 黒金泰美「人に忠・人に恕の人」前掲書『清廉一徹』79〜80頁。

(3) 淡谷悠蔵「津島文治と太宰治」同上『清廉一徹』205頁。

(4) 岩田正「津島ペースで人気・外務次官」同上、252頁。

(5) 『東奥日報』1963年11月13日。淡谷悠蔵「津島文治と太宰治」前掲書『清廉一徹』205〜206頁。岩田正「津島ペースで人気・外務官」同上、252頁。杉本仁『民俗選挙のゆくえ 津軽選挙vs甲州選挙』〔梟社、2017年〕279頁。

(6) パソコンで国会議録検索システムに入り込み、簡易検索で、年月日、議員名、および衆参別をクリックすると、津島文治議員の発言一覧とその内容を見ることができ、極めて便利だ。

(7) 『第29回国会 衆議院地方行政委員会会議録』第11号(1958年9月5日)。

(8) 『第43回国会 衆議院本会議録』第14号(1963年3月8日)。

(9) 秋元良治『知事交渉15年─対決の旋律』〔北の街社、1987年〕130頁。

(10) 藤田正明「真摯の政治家」前掲書『清廉一徹』64〜66頁

(11) 『第43国会 参議院農林水産委員会』第7号(1963年6月4日)。

(12) 『新聞記事に見る青森県日記百年史』〔東奥日報社、1978年〕、843頁。最終的に、この地震による本県の被害は、八戸市をはじめ県南地方44市町村におよび、死者46人、負傷者671人、建物被害は住家5万4265棟、非住家3663棟、被害世帯7万975で、県地震対策本部がまとめた被害総額は470億3956万4000円に達した(二葉宏夫『青森県の事件55話』〔北方新社、1983年〕215頁)。

(13) 『第58回国会 参議院災害対策特別委員会』第9号(1968年6月3日)。

(14) 『第10回国会 参議院運輸委員会』第12号(1951年3月23日)。

(15) 国鉄の戦後最大の機構改正は、1950年8月1日に行われた。当初、鉄道管理局は青森市に誘致設置されるものと思われていた。だが、青森市には設置されず、県内の国鉄が盛岡、秋田、および青函の3管理局に分断されて、設置。それが、その後の新幹線問題などに影響したことは、否めない（奈良聖「鉄道管理局誘致」『青森県企画史ー35年の歩み』〔青森県企画室、１９８２年〕１７０～１７１頁）。

補論一　「文人」――津島文治

1、はじめに

津島文治は、政治家時代、多くの選挙公約をしたため、また知事の時には、行政の最高責任者として、文面にうるさかったことで有名である。若い時の文治は、特に早稲田大学に在学中、戯曲家ないし政治評論家を目指し、文章修行に努めていた[1]。文治は劇作家の卵として、大学生の時の20歳代に、戯曲「奪い合い」や短編「めし」を公表しているし、また参議院議員時代の70代になってからは、太宰治について、評論とでもいうべき「肉親が楽しめなかった弟の小説」を世間に発表している。

補論一においては、津島文治を一介の政治家としてではなくて、角度を変えて、「文人」としての面に焦点をあてる。確かに、終始政治家として生きてきた津島を文人として眺めるのは、違和感がないわけでない。ただ、後述するように、文治の「文人」としての能力は周知のところである。そこで、若き時代と老境に入った津島の作品を取り上げ、両方を比較し、文治の〃精神構造〃の一端に接近できれば、と考える。というのも、戯曲や評論の文面には、文治の人間としての思い入れや人生観が色濃く反映されていると思うからである。

2、戯曲「奪い合い（1幕）」

弘前城と桜

戯曲「奪い合い」は、1921年8月、津島文治が雑誌『陸奥の友』に発表したもので、23歳の時の作品であるらしい。時代設定は現代（1920年前後?）であり、雪が消える頃の午後とあるから、季節は春先であろう。場所は東北のとある小さな町とあり、青森県の金木町であることが推測される。登場人物は全部で9人、津島家に関わる人達で占められている。

最初の登場人物は、主人公の山村良吉（この年中学を終えた青年）で、文治自身を指している。山村勇造はその父であり、県議会議員となっているから、津島源右衛門であろう。山村たみは、その母となっており、津島タネであると見てよい。山村寛治は伯父で、呉服商とある。その他の登場人物は、丸見孝一（小学校長）、よし（山村家の女中）、与作（下男）、喜助（小作人）、および留八（小作人）である。

筋書きは、青年山村良吉が、東京の大学に進学希望であるのに、父や母はそれに反対。良吉の将来を考慮して、地元の師範学校に進むように、説得している内容である。その話に伯父の山村寛治や小学校校長の丸見孝一が意見を請われて関与、父親の勇造と母親のたみに同意を求めている。そして最後は、親子の喧嘩わかれで終わっている。

全編に通底しているテーマは、世代間の認識の相違であり、見方を変えれば、厳格で保守的な両親や伯父・校長に対する良吉の若い進歩的（リベラル?・）な立場からの、抵抗＝批判と受け止めることができる。ただ、現実には良吉（文治）は、自分の意見を押し通した形で、東京の早稲田大学に遊学している。「奪い合い」では、最後に、良吉側が勝利したのである。

次に、親と子の社会認識の相違を、戯曲「奪い合い」の箇所からいくつか引用し、最後に「奪い合い」というタイトルの意図を探ってみよう。

最初に、小作人の与作、留八、および喜助たちの状況説明として開始される。3人は青年＝山村良吉の父親との対立・葛藤を見て、良吉が苦悩している様子に同情する。小作人たちはいう、「金がうなるほど、あるんだもの少し若旦那様でも使わなけゃ仕方あるまい」、「だが、独り息子だから手放しが出来ねだべ」、「だから旦那様や、奥様の身になってみりゃ無理もねいが、他人事のことじゃねい。学問するに行くだからなあ。これで東京の学校でもおわって見ろ、旦那様よりも立派になるぞ」。概して、彼らは青年良吉の立場に好意的である。(2)

次いで、小学校校長の丸見が登場、彼は父勇造の弟だ。勇造はいう「私が無学なもんだから学校を攻撃するわけじゃないんだが、実際今学校が人を生意気にする事ばかり教えている。理屈に合わん話だの、行われない思想だのばかり。今も良吉が私に向かって親の義務を尽くさないと言うたんで、大いに怒鳴ってやりました」、と古い。

これに対して、地元の師範学校を出て小学校の校長になった丸見は、次のように提言する。「この間一寸申し上げて置いた。師範学校の2部が如何でしょう」。丸見の方は、勇造が倅の良吉を傍におきたがっているのを知っていた。だから、師範学校への進学を進めたのだ。ここで、母親のたみが現れる。たみは良吉と勇造の喧嘩をにぎにぎしく思いながら、丸見の師範の話に賛意を示し、勇造にその話を告げるものの、勇造の方はその提案を受け付けない。

勇造は、「(丸見を見て) 何せ教員は毎日お子供相手だから世間に疎くなってきて、なにも実社会がわからないくせに理屈ばかりこねている。そうなると家庭のためにもならなくなるね。現に県会でも教員上りの者は2、3人いるが、皆揃って駄目だ」と切り捨てる。[3]

再び良吉が登場、叔父の寛治を味方につけて、勇造とやり合う。良吉は嘆願する。「お父さん。どうか(大学に) やってください。もう入学試験の期日も間がありませんから」。だが勇造は「幾度言っても同じ事だが色々事情を考えてみると、どうしても駄目だ」。その上で最後に、自分の見解のみを披露して、息子を突き放す。

「私は学問が元来嫌いだ。然し月給取りにでもなるのなら格別だが、良吉がなにも学問で飯を食うのじゃないから中学だけでも余る位だと思っているんだ。一体物を覚えるには大学などへ入るより、実地に進んだ方が早い。私などは中学1年しか入らんが、県会へ出ても学校出に敢て敗を取らんつもりだ[4]」。

良吉の方も負けてはいない。次のように反論して父をやりこめている。

「お父さんは学問というものの意味を誤解しています。学問はお父さんの仰有る様に決して月給取るためだの、実際の仕事のためだなんてそんな安っぽい意味の物でありません。もっと、貴重な、大きな意味を持っているものです。それにお父さんは学問を一概に危険なものとして恐れています」。

これを聞いて怒った勇造は、自分の都合だけを優先して、倅の良吉に引導を渡す。

「家に置くとした所で何か定まった仕事が、なければならないと思ったので、この4月から師範の2部へ入れることにした。2部だとたった1年で終えるし、それに兵隊の心配もなし。又終わったらこの町へ置く様に運動も出来る事だろうから、まあ万事都合がいいだろう[5]」。

良吉の方は、「(せき込んだ声で) 師範へ、そんな事僕にできるもんですか。お父さんは実際あんまりです。お母さんが病気でもないのに嘘言の電報を打って僕を東京から呼び戻して置いて今度は又勝手に師範へ入れるなんて。早稲田の方へはもう願書まで提出しています。今更師範なんて……」と悲嘆にくれる。

ここで親子の対立は決定的となり、修復できるような段階からほど遠くなる。それに加えて、母親のたみが、叔父の寛治らに「勧められたと、いうわけでないが、そうする(=師範に進学)とみんなのために1番いいと思ってね」とつぶやく。

それを耳にした良吉は、「お母さんは唯みんなのためだの、家のためだなんていいますが、僕のために思ってやってくれる事なんか、ないんですか」と怒り反発する。[6]最後に勇造はダメを押すかのように諭す。「親が子供のために思わないで、なにを思うもんか。師範に入れるのもおまえの将来の為を思うからだ。なまじっか大学などに入ったっておまえの幸福なんかになるもんか。おまえなんかの分別などは浅いものだ、父さんのいう事を聞いておればそれでいいんだ」。そして、〝馬鹿出ていけ〟と良吉を怒鳴ってしまう。

怒って家を出て行くと決心した良吉は、「お父さんは総てに余りにも独断的です。なんでも自分できめた事が良いと信じています。自分で信じるばかりならまだよいのですが、それを人にまで強く要求しています。そして子供に対しては支配者だと思っています」、と父親の態度を断罪する。[7]

この後、母たみの願いを振り切り、良吉は家を出て、戯曲の幕は閉じられる。その間際に、心配した伯父の寛治はいう。「早稲田に行くか」。それに答えて良吉は「さきは、どこか、どうなるのか。わかりませんが、この家をのがれていくのが1番さきです[8]」。

以上、戯曲「奪い合い」の概要を紹介した。それでは、「奪い合い」とは一体どのような意味なのか。それは、各々の人物が依拠している〝価値観〟があり、他者を己に引き戻す行為、すなわち、世代が抱える価値をめぐる奪い合いであって、その背後には、今も変わらぬ親子間の対立・葛藤が流れている。

現実には、良吉の実像である、津島文治は東京中学を卒業、早稲田大学に入学した。だから、良吉は自分の思いを貫徹させたわけだ。しかも、これまでと変わらず親からの送金もあり、東京遊学を楽しんでいる。そうすると、良吉、つまり文治自身の方が保守的な倅で、息子のわがままな願いは最終的に聞き入れられたのだ、といえまいか？

父の勇造が述べたように、世の親達は、誰でも子供の未来を心配し、その願いをかなえてあげたいものだ。その意味で、親の方がむしろ〝進歩的な一面〟を持ち合わせているともいえなくもない。あるいは、文治はそのような親子関係の縮図を戯曲「奪い合い」の中で訴えたかったのだ、と推測する。このテーマは時代を超えて現代にも通じている。そこに面白さがあり、物語の流れもスムーズで津島の戯曲作家としての才能がうかがえる。

ただ太宰は、長兄文治の作品を、「長兄の戯曲は、たいてい、宿命の悲しさをテーマにしているような気がいたしました」と評している。[9] しかし筆者としては、津島文治の〝青春の蹉跌〟のひと駒を象徴する作品として評価したい。[10]

3、短編「めし」

短編「めし」は、同人雑誌『青とんぼ』第1号（1925年9月）に発表された、2頁に満たないものである。この中で、津島文治は抽象的な禅問答のような世界観を展開している。1925年の作品であるから、文治が30歳前の頃か。早稲田大学を卒業、結婚してちょうど金木町長に就任したあとに違いない。「人生50歳」の時代にあって、津島文治は己自身の運命のはかなさを自戒しているようだ。めしを食うのは人間として当たり前の行為である。にもかかわらず、文治は自分の人生がすでに定まっており、めしを食う以外に立ち位置がないかのように、諦観した人生観を披露している。

「総ての人は人生に対し大なる感激と、高き理想とを以て生きていかねばならぬものとしたならば、人の世は、人の子に対し余りにも寂寥である」と嘆いている。[11] そこには、意のままにならぬ人生に対する文治の屈折した心情がうかがわれる。父親源右衛門が亡くなり、家長としての運命を呪っているのかと感じられる一節である。

この点について、社会派のルポライターである鎌田慧は次のように述べている。「文治の『めし』は、演劇を断念して政治の世界に足を入れざるをえなかった彼が、黙々として、めしを噛んでいる〝実存〟を描いたものである」[12]。

実存とは、実際にこの世に存在すること、つまり現実に存在することだとすれば、文治は現実を受け入れた、ということなのかも知れない。太宰は、この文章を「兄たち」の中で、引用している。「ここに言う『めし』とは、生活態度の抽象でもなければ、生活意欲の概念でもない。直接に、あの茶碗一ぱいのめしのことを指して言っているのだ、あのめしを噛む、その瞬間の感じのことだ。動物的な満足である。下品な話だ」とこき下ろす[13]。

一方、この点に関して、鎌田の方は「文治の断念と苦い咀嚼が、その虚無な実存の哲学が、太宰には理解されていなかった」と解釈している[14]。

実存主義とは、普遍的・必然的な本質存在に相対する、個別的・偶然的な現実存在の優越を主張、もしくは優越となっている現実の世界を肯定し、それとのかかわりについて考察する思想である、とされる（「実存は本質に先立つ」）。そのように理解するならば、津島文治は、現実の世界を肯定しつつ、その中で生きていったということか、と解釈できよう。事実、以後、文治は県議会議員、衆議院議員、知事として政治の世界の中で、「政治家」として現実を受け入れながら生きていく。

4、評論「肉親が楽しめなかった弟の小説」

この評論ともいえる文章は、『月刊　噂』第36号（1973年6月）に掲載されたもので、特集「保護者が語る太宰治」と銘打っている。津島文治はこの時、参議院議員2期目で75歳の高齢に達していた。私には、老境に入った文治の語る内容が哀れに見えてならない。

その内容は、津島文治が弟「太宰治」の行動により、世間にどれだけ迷惑をかけ、津島家の頭領として、苦しんできたのかを、縷々述べたものだ。しかし、この段階で不肖の弟である太宰治について沈黙を破って言及したことは、文治が晩年を迎えて、この辺で太宰を認めても良いと判断したのではなかろうか？　ちなみに、文治はこの直後に死去している。

内容は、謝罪から始まる。「太宰が死んでから、もう25年にもなりますか……これまでずいぶんと多勢の方から、太宰についての取材申し込みがありましたが、ノーコメントで終始させていただきました。彼について話をするのが嫌だったのです。ほんとうに世間にご迷惑をかけて申し訳ないというのが、私の偽らざる気持ちです[15]」。

その上で、弟を厭になった理由について、文治は次のように弁明している。「自分の生家のことをことさら大仰にいうつもりはありませんが、一地方でかなり名の知れた私の家から小説家という冠をいただいた極道者が出るということは、本当につらいことでした。

私はなにも小説家そのものや、文芸それ自体が悪いというのではありません。これでも当時の家長としては、かなりの理解をもっていたつもりです。ところが修治は、その理解をはるかに超えたところで行動し、事件をおこし続けてきたのです[16]」。

津島はまた、後半部分においても、太宰の行動を強く非難している。いわく、「以来、また色々な事件が修治に付随しておこり、その都度、沢山の方々に大きな迷惑をかけてまいりましたが、私はいつしか〝修治は結局、畳の上では往生しない〟と思い込むようになりました。とにかく異常な男でしたから、尋常な死に方をするとは思えなかったのです[17]」。

最後に、文治は自身の心情を述べている。「25年間というもの、私は沈黙してきました。桜桃忌も行かなければ記念碑の立っているのを見にいったこともありません。墓にも行きませなんだ。太宰を人さまにお話申し上げることが、本当にイヤでございました。

そういう私が、今となって弟は偉い奴だったというのも変だし、バカな奴だったといってもお答えにならんでしょう。大変、複雑な心境であることは確かでございます……」。

「いろいろお話しましたが、やはり太宰の小説は肉親が読んで楽しい小説ではないと思っております[18]」、と結んでいる。

津島文治の話は、終始、世間への謝罪と、太宰文学の否定につながっている。太宰は青森県の津軽が生んだ偉大な作家であるのは、間違いない。ただ、筆者としては、公人（＝参議院議員）としての津島文治の立場と気持ちが、十分すぎるほど理解できるのである。

5、おわりに

青森県が生んだ社会党の重鎮で、文学に造詣の深い淡谷悠蔵は文人津島文治について、『清廉一徹』の中で次のような一文を寄せている。

「若い日の津島さんは、文学志望の青年で、東京の学校にいた頃だったと思うが、帰省すると私たちの文学の集まりにも顔を出していたし、自分でも小説を書いていたりしていたようだ。……津島文治がその人生コースを文学の世界にとらなかったのは、太宰治のせいではなかったろうかと思う[19]」。

一方、作家の村本益造は、〝太宰悪人論〟を展開しており、こちらの方がより説得的で納得できる。村本は、津島文治善人論を謳っている。

「津島文治という人はい々人である。知事をしているからというわけではなく、人間的にもすぐれた人であり、文学に理解のない人ではない。どんな人でも自分の弟が太宰治のように立派な文学作品を残し、世間的にも有名になれば誇りに思うだろうし、まして死んだとなれば、よっぽどなことでも許せる筈のものではないか、それを津島さんは依然としてゆるしてはいず、碑を建てることさえ拒みつづけている。い々人である津島さんがこうまでするというのは、太宰治という人はどうも悪人だな」[20]。

私は「太宰悪人論」には直ちに賛成できかねる。太宰治が才能に恵まれた立派な作家であって、その作品は現代の若者たちの苦悩をつぶさに書きつづった文学だと評価する一方、他方で、彼の生き方を決して真似してはならないし、また真似できない、と考える。何故なら、〃人間失格〃に陥る可能性があるからだ。もとより、自殺や心中はよくないし、子どもたちに何と説明するのだ。筆者は、教育者の端くれとして、自殺や心中には強く反対する。

〈注〉

(1) 鎌田慧『津軽・斜陽の家―太宰治を生んだ「地主貴族」の光芒』（講談社、2003年）31頁。息子の康一は「（文治は）自分でも早稲田のときに演劇部に入っていて、あまり津軽弁がひどいので役を下ろされた」、と母れいの発言を紹介している。文治は写真、弓道、およびカモ撃ちにはまっていた。だが、ものにならなかったようだ（津島康一・東郷克美「太宰治と津島家の人々」『国文學―解釈と教材の研究』1987年1月号、43頁）。

(2) 津島文治「戯曲　奪い合い」『陸奥の友』第3巻第7号（1921年8月15日）。以下、『陸奥の友』は舘田勝弘編『青森文学4『陸奥の友』―大正時代、青森に夢を追い求めた人々―』（青森県郷土作家研究会、2015年）からの再引用、133頁。

(3) 同上、136頁。

(4) 同上、１４０頁。
(5) 同上、１４１頁。
(6) 同上、１４２頁。
(7) 同上。
(8) 同上、１４４頁。
(9) 「兄たち」『太宰治全集４』〔筑摩書房、１９９８年〕１４３頁。文治の方も修治の作品をけなし、〝太宰の文学〟を認めていない。いわく、「お前の小説は、あれは小説でない。くだらない。惚れたはれたばかり書くのが小説か。武者小路実篤のような理想とロマンをもっていなければならん」（秋山耿太郎・福島義雄『津島家の人びと』〔筑摩書房、２０００年〕１４０頁）。
(10) 「蹉跌」というのは「つまずく」ということから「物事がうまく進まず、しくじること。挫折」を意味する。作家石川達三の同名の小説が有名だ。
(11) 津島文治「めし」『青とんぼ』〔津島圭治、１９２６年〕21頁。
(12) 鎌田、前掲書『津軽・斜陽の家』２６１頁。
(13) 前掲書「兄たち」『太宰治全集４』１４４頁。津島は、青年時代から文章に凝っていた。「文章は短い程いい、３００字のものは２００字に、２００字から１００字に、そして50字にと、実際に訓練した」という（福島常作「文章を重んじた津島知事」『清廉一徹』〔筑摩書房、１９７４年〕２０２頁）、正に至言である。
(14) 鎌田、前掲書『津軽・斜陽の家』２６１頁。
(15) 津島文治「肉親が楽しめなかった弟の小説」『月刊　噂』１９７３年６月号、25頁。
(16) 同上、26～27頁。
(17) 同上、28頁。
(18) 同上、29頁。文治が県議会議員の頃には、修治が「その生活の特異な姿態で津島家の重荷になっていた」淡谷悠蔵「津島文治と太宰治」前掲書『清廉一徹』２０２頁。文治は太宰のことを「不良少年だ」と切り捨てている。
(19) 同上。晩年の参議院議員時代、文治は次のように吐露している。「私なぞも父がもっと生きていて家へ帰らなくてもいい身の上だったら、東京にぶらぶらして小説か戯曲でも書いていなかったとも限りません」（多作満仲「秘書日記より」同上『清廉一徹』２５９頁）。

(20)　同上、204頁。津島文治は、煙草も酒も嗜んでいた。しかし、煙草はやめた。酒はビール小瓶1本に日本酒は1合弱が限度で、大酒を飲みすぎるようなことはなかった。食べ物の好物は「かに」である。文治は政治家だから、宴会を断ることもせず、関係者に挨拶することを、厭わなかった。ただ、酒は好きだが強くなかったので、長時間酒席にいることはなかったようだ。

補論二　津島文治・修治・康一

1、はじめに

津島文治の父・津島源右衛門と母・タネは、生涯11人の子供を儲けている。文治は5番目の子で、兄たちは早くこの世を去った。そのため、三男坊であった文治は、源右衛門が１９２３年３月４日に死去するや、直ちに、家督をつぐ羽目となった。文治25歳の時である。

文治の下には、四男の英治、五男の圭治、六男の修治、および七男の礼治がいたものの、圭治の方は東京美術学校を卒業して間もなく亡くなり、礼治も死去した。英治は、文治と同じく、後に金木町の町長を務めた。入水自殺した修治（＝太宰治）は１９０９年に生まれている。文治は修治よりも11歳年上で、後に著名作家として知られる修治は、「兄たち」という一文を残しており、その中で文治のことを描いている。では、修治は長兄の文治をどのように見ていたのであろうか。それが、補論二の課題の１つである。

文治は妻のれいとの間で３人の子供に恵まれた。息子は康一のみで、あとは娘２人である。長男の康一は、一人息子であったので、父の跡を継いで政治家になると思われた。しかし実際には、演劇俳優の道を選んでいる。補論二のもう１つの課題は、息子の康一が父の文治をどのように見ていたのかをさぐることである。

この補論二では、津島文治の親族を対象にしている。論述は前半において、修治が執筆した「兄たち」に依拠しながら、文治と修治の間を、つまり、太宰治との関係を検討する。後半では、長男康一の父・文治の思い出を中心に論じたい。

親族といえば、修治の妻だった津島美知子は、青森県の金木町に疎開していた頃を思い出し、長兄の文治が「甘党で、家長として女子供へのいたわりに満ちた一言」について、回想録にしたためている。また、〝おかあさん〟と妻を愛情こめて呼んでいた文治は、れい夫人を大切にしていた。それは残されている、2人のスナップ写真を見れば察しがつく。政治家の妻として苦労されたれい夫人について、詳しく触れることができなかった。息子の康一は、母のことを〝きつい〟ところはあったが、「これは耐えて耐えて、耐えきった人なんじゃないですか[1]」と述懐している。

そのれい夫人は、青山学院女子専門部を卒業後17歳にして、津軽の大地主、津島家に嫁いだ。月並みな表現をするなら、長兄の妻として、また政治家の妻として、苦労が絶えなかったことであろう。その心中は察してあまりある[2]。

2、津島文治と弟・修治（太宰治）

津島修治は、長兄の文治のことを「兄たち」の中で、次のように描いているので、冒頭で紹介しておこう。

「父がなくなったときは、長兄は大学を出たばかりの25歳、次兄は23歳、三男は20歳、私が14歳でありました。兄たちは、みな優しく、そうして大人びていました。私は、父に死なれても、少しも心細く感じませんでした。（何故なら）長兄を父と全く同じことに思い、次兄を苦労した伯父さんの様に思い、甘えてばかりいました」と、家族のことを記述している。

その上で、「長兄は25歳で町長さんになり（満27歳の誤りでは?）、少し政治の実際を練習して、それから31歳（満29歳）で、県会議員になりました。全国で1番若年の県会議員だったそうで、新聞には、A県の近衛公と記されて、漫画なども出て、たいへん人気がありました」と説明。

そして最後に、長兄文治のことを心配しながら、忖度している。「長兄は、それでも、いつも暗い気持ちのようでした。長兄の望みは、そんなところに無かったのです。長兄の書棚には、ワイルド全集、イプセン全集、それから日本の戯曲家の著作が、いっぱい、つまって在りました。長兄自身も、戯曲を書いて、ときどき弟妹たちを一室に呼び集め、読んで聞かせてくれることがありました。そんな時の長兄の顔は、しんから嬉しそうに見えました」(3)。

ただ、その一方で、修治は文治のことを「私は、未だ中学生であったけれども、……兄を、たまらなく可哀相に思いました」、と同情を寄せている。その理由は、「A県の近衛公だなどと無智なおだてかたはしても、兄のほんとうの淋しさは、誰も知らないのだと思いました」と、おもんばかる(4)。

そんな修治は、兄の文治の性格について、「癇癖の強い兄」だと表現している。実際、修治は東大仏文科卒業の見通しが全くたたないことを文治に見破られてしまい、文治が定宿にしている神田の関根屋に呼びつけられ、1度、ひどく怒られた過去がある(5)。

戦後間もない1946年3月、長兄の文治は衆議院議員に立候補した。その時、金木町に一家で疎開していた修治も、選挙応援を買って出ており、その時の様子を次のように語っている。

「私は家にいろいろな迷惑をかけてきた。ことに長兄にはあわせる顔がないほど、迷惑のかけ通しだった。いま金木に疎開しているが、長兄が衆院選に出ることになり、黙っておれない。できることなら、兄を支援してほしい。私は津軽を回り、訴えていくつもりです」(6)。

当時、修治は、文治のおさがりのグレイの背広、紺のコートを身にまとい、リュックサックを背負い、嘉瀬、五所川原、木造、および鰺ヶ沢などを歩き回ったという。もちろん、それは、長兄文治の選挙応援をかねて、座談会やいろいろな催しに出るためであった。

この時、文治の長男康一も、叔父である修治が選挙に関わり、文治の原稿を手直ししたり、〝サクラ〟となって演説会に赴き、拍手喝さいしたことを、話している。(7) 戦後に至り、修治は文治のためにひと肌脱いだのだ。というのも、修治はこれまで数々の〝無頼な振る舞い〟をしでかしてきたので、それを清算したかったのでなかろうか？　ただ、筆者は、太宰研究家でないので、真意のほどはわからない。

それから2年3ヵ月後の1948年6月、修治は玉川上水で、愛人の山崎富榮と入水自殺をしでかす。その理由をめぐって憶測を呼んだ。だが、1998年に遺族らが公開した遺書で、「小説を書くのがいやになったから死ぬのです」と自殺の動機が明らかにされた。(8) この事件が、夫人はもとより文治にとっても、迷惑せんばんなことであったことはいうまでもなかろう。津島文治はこの時、青森県知事に就任してまだ2年目で、実弟の自殺は大きなショックであった。

兄の津島文治は、太宰治の小説に話が及んだ際、弟に次のように注意を喚起している。


「わしはよく弟に話したものだ、あまり乱作してはいけない。1作毎に立派なものを書き、作品の内容を向上させなければならぬと。やたらに書き続ければ、とかくマンネリズムに陥る。小説家はとかく沢山書けば、それだけ収入が増え、いい生活が出来るのだが、それよりも生活をきりつめて、1年にひとつでもいい、じっくりと考えていいものを書くことだ(9)」。

3、津島文治と長男・康一

津島文治が黒石の名門岡崎家の娘のれいと結婚したのは、1922年5月のことである。当時文治23歳で、早稲田の大学生であった。一方、岡崎れいは青山学院女子専門部をでた才媛で、17歳の時だった。津島夫妻は3人の子供を設けた。男子の康一と、女子は陽と滋の2人である。陽は衆議院議員・田澤吉郎、滋は国立研究機関の技官の元に嫁いでいる。

文治の長男康一は、地元の弘前大学に進学、演劇に興味を抱き、俳優座に入り、俳優として活躍している。父の文治は当初、康一を政治家として跡継ぎにしたかったようだ。だから、文治は、康一が演劇の方に進むことに反対した。その理由は、俳優に「津軽弁でなれるわけがない」と。だが、内緒で俳優になったことを知って、文治は「本人にまかせる」しかないと諦めた。実際、康一自身、父に対しては、「政治はやらないよ」と言っていた、という。文治の方も「1度でも、政治家になれといったことはないじゃないか」と応じている。(10)

1931年生まれの康一は、いわば津島家の没落時代に青春を過ごした、と言ってよい。康一にとって、大地主の家が、相次ぐ選挙で次第に傾いていくのが堪えられなかったのだろう。康一は「10幾度に渡る選挙。そしてそのために3度も引越をしなければならなかったのだろう父。その父の為、選挙はおろか、私的な引越さえ1度も手を貸したことがない不肖の子」だと己を責める。(11)

父親の文治に対して、康一はあまり良い感情を抱いていないかのようだ。だが、康一は文治が浪人時代の戦前、はじめて旅行に連れていってくれたことを殊の外に喜んでいる。北海道や十二湖に連れていって貰ったことを、鮮明に覚えており、父に感謝の念を示している。(12) 文治の方は、時間を見つけて妻のれいを伴い、康一の芝居をこっそりと見に出かけている。息子には甘い親の姿が浮かんでくる。

振り返れば、明治の初め、油売りから身をおこした曽祖父惣助、そして、ヤマゲンの家風を築いた父源右衛門。たとえ、時代の大きな流れがあったとはいえ、文治は先代たちが残した財産を全て選挙に投じて、食いつぶしてしまった。だから、息子の康一にも一切財産を残していない。康一の方もそれで構わない、と言っている。本家津島家の血統は康一でもって絶える。康一には子供がいないからである。

文治が死去したとき、津島家の親族会議で「津島家としては、責任ある残りの任期を、跡取り息子である康一君にやってもらえば、同情票も集まるし、党本部も公認するだろう」、と決めた。だが、康一の方は「お話はありがたいが、私は役者の道をやめるわけにはいきません。仮に出たとしても次の選挙には出ない。これでは政治の冒讀だから、私は絶対に出ない」と答えた。(13)

4、おわりに

太宰治こと、津島修治は家父長であった文治の全面的な庇護の下で、多額の生活費を送金してもらいながら、東京で小説を書き続けることができた。文治は、修治がどんなことをしでかしても、みごとに跡始末をしてくれる「絶対的保護者」であった。[14] 修治にとって、長兄の文治は、家長であり、事実上の〃父親〃であったのだ。

文治の長男・康一は、弘前大学時代に演劇部に入り、在籍する芝居仲間に誘われるままに、家出同然に東京に飛び出し、劇団俳優座の門をたたいている。結婚も親には内緒だったという。あっぱれな行動である、というべきか。それとも、選挙に明け暮れる父とは距離を置いて、津島家から自立したかったのであろうか。[15]

ここで特に述べておきたいのは、修治も康一の両人も、いずれも、最後まで文治から、文治が死ぬまで〃金銭〃を貰い、たかっていたことである。[16] 生涯、「井戸塀政治家」で通した文治のすねも、細るわけである。

最後に、次のような、康一の発言をもって本章を閉じようと思う。康一は父親の気性の激しさに言及した後で、「おやじが政治に金をつぎこんで、財産をなくしたのも、百姓から吸い上げたものは津軽の人びとに還元すればよいという考えだったかもしれません」と述べ、政治家・津島文治に対して、最大級の評価を与えている。[17]

〈注〉

(1) 津島康一・東郷克美「太宰治と津島家の人々」『国文學―解釈と教材の研究』1987年1月号、54頁。「夫の文治は政治に金をつぎこんで、4、5万円の知事給与すら家に入れない。反対に持ち出していってしまう。……夫に従順なことが美徳として教えられた明治生まれの女ゆえの姿だった」。れいは旧家で娘として大切に育てられ、津島家に嫁いでも、自分で買い物に行かず、物の値段もわからなかったという。れいは家に金がないことは悟られないようにしていた（秋山耿太郎・福島義雄『津島家の人びと』〔筑摩書房、2000年〕184～185頁）。鎌田慧『津軽・斜陽の家―太宰を生んだ「地主貴族」の光芒』〔講談社、2003年〕24～25頁。

(2) れい夫人は、1972年7月に中風にかかり、病院に入院していたので、文治の面倒をみることがかなわず、夫の死にも立ち会うことができなかった（成田要次郎「おどさあッ」『清廉一徹』〔筑摩書房、1974年〕282、296頁）。れい夫人は2年後、文治を追うように亡くなった。

(3) 「兄たち」『太宰治全集4』〔筑摩書房、1998年〕142～143頁、（）内は筆者。兄文治に関しては、「思ひ出」の中でも、同じように言及している（「思ひ出」『太宰治全集1』〔筑摩書房、1989年〕19、34頁）。

(4) 同上。144頁。

(5) 鎌田、前掲書『津軽・斜陽の家』267頁。文治と修治の2人は兄弟であったので、仲良く街に出かけることもあったし、酒を飲みかわすこともあった。一般の家庭のように、肉親の情は存在したのである。

(6) 田中美知子「28年前」前掲書『清廉一徹』277～288頁。秋山・福島、前掲書『津島家の人びと』159頁。太宰（当時22歳）は、1930年11月18日、いわゆる「鎌倉入水事件」を起こし、心中相手の田部あつみ（19

歳）を死亡させてしまう。太宰の方は一命を取り留めたものの、自殺幇助罪の疑いがかかる。文治は、この時県議会議員で八方手をまわし、修治を起訴猶予に持ち込んでいる。

事態を重くみた文治は、県議会議長あてに辞表を提出、金木で謹慎。辞表は議長の配慮でさし戻されたとはいえ、「長兄（文治）をそこまで追い込んだ償いは当然太宰も覚悟しなければ」、ならなかった（相馬正一『太宰治』〔津軽書房、１９７９年〕61頁）。太宰の方も文治から分家除籍などを含めた仕打ちを受けている。文治は太宰を表向き、家から破門した形をとっていた。だが、太宰が１９４１年の帰郷、44年の帰郷、45年の疎開の際、近親者として恩情を示している。冷たくしていたのは、世間体をはばかったからだろう（鎌田、前掲書『津軽・斜陽の家』２６７～２６８、２７９頁）。

(7)『朝日新聞』１９９８年５月24日。

(8)津島・東郷、前掲書「太宰治と津島家の人々」『国文學―解釈と教材の研究』48頁。

(9)福島常作『文治先生行状記』〔北の街社、１９７８年〕25～26頁。

(10)津島・東郷、前掲書「太宰治と津島家の人々」『国文學―解釈と教材の研究』43、46頁、２２４～２２５頁。

(11)津島康一「遠い景色の中にいる父」前掲書『清廉一徹』２７１頁。

(12)同上、２７１～２７２頁。

(13)秋山・福島、前掲書『津島家の人びと』２２４、２２８頁。

(14)鎌田、前掲書『津軽・斜陽の家』２５５～２５６頁。太宰が中学４年の時の日記がある。その中で、文治について「どこまでも偉い兄なり」との一節がある。文治は生涯頭のあがらない人であった（横山武夫「君が心根（こころね）何ぞ」前掲書『清廉一徹』２０１頁）。

(15)秋山・福島、前掲書『津島家の人びと』２２７頁。康一は「それで未来もなにもなかったですね。……とにかく現状から出たいということで東京へ出てきちゃったんです」と、吐露（津島・東郷、前掲書「太宰治と津島家の人々」『国文學―解釈と教材の研究』47頁）。また、大きな家（斜陽館）のことで、幼年期にいじめられ、「普通の子に生まれたかった」とも述べ、それが芝居の世界への動機だ、と述べている（同上、51頁）。

(16)津島・東郷、前掲書「太宰治と津島家の人々」57頁。戦後太宰が有名作家として売れ、新円に切り替わったころ、太宰が原稿料の中から何がしかの現金を、母のれいに渡している（同上、54頁）。ただ、戦前、太宰から文治あてのはがきと手紙を見ると、その文面は「カネ」の話で埋まっている（「１９３６年７月11日付けはがき。１９３６

年8月7日付け手紙」『太宰治全集12』〔筑摩書房、1999年〕101~102頁、111~112頁)。

(17) 津島文治は、「政治家の家庭に育ったものは、小さい時から政治家としての信条を知らず知らずの間に身につけているものであるから、大局において決して誤ることはないものである」と達観している(山崎竜男「報恩の期のないうちに」前掲書『清廉一徹』60頁)。

結語

津島文治は、１９７３年5月6日、参議院議員に在職中のまま死去された。享年75であった。同年６月１日、参議院の本会議において、津島議員の死去につき、長野県選出の社会党参議院議員・林虎雄による追悼演説が行われている。

追悼演説では、津島文治の経歴を踏まえて、政治家としての津島の経歴と活動が紹介されている。本論での繰り返しになるが、紹介しておきたい。

「津島君は、明治31年、青森県北津軽郡金木町の素封家にお生まれになり、長じて早稲田大学を卒業されました。君は、年若くして御尊父を失われたのでありますが、御一家の長兄としてまた父親がわりとして、その重責を負われながら、金木町の町長になられまして、郷土のために献身されたのであります。

君のすぐれた識見とお人柄は、広く郷党の支持を得られるところとなり、間もなく衆望をになって青森県議会議員に当選され、郷土の若きホープとして青森県のために目ざましい活躍をなさいました。

戦後、昭和21年には、推されて衆議院議員に当選されました。翌22年には、青森県の初代公選知事に当選され、連続３期にわたる長期間、知事として戦後の多難な県政に取り組まれ、まことに多大な治績をお残しになったのであります。

さらに昭和33年から連続2期、衆議院議員に当選され、また、40年から連続2期、参議院議員に当選されました。

この間、外務政務次官、農林政務次官、参議院地方行政委員長、同科学技術特別委員会理事、東北開発審議委員、裁判官訴追委員等数々の要職を歴任され、自由民主党にあっては、党総務、党紀委員会委員、青森県連会長、参議院自由民主党副幹事長などを歴任され、実に幅広く、各分野にわたって多彩な政治活動を続けてこられたのであります。

しかも、君は、昭和40年に参議院議員に選出されました際は、新人議員35名からなる初心会の会長に推され、政治家としてすでに豊富な経歴をもつベテランでありましたにもかかわらず、生来の謙虚さと温厚、誠実さをもって、同会のリーダーとして、政治家にとって最も戒心すべきものの1つである〝初心忘れるべからず〟を、終始、身をもって率先垂範されてこられたのであります。

君と私は、党派、政策において相異なる面もありましたが、同僚としての君はまことに良識の府参議院の議員にふさわしく、亀鑑とすべきりっぱなお人柄であられたことを、畏敬の念をもって想起する次第であります(1)」

この追悼演説のなかでは、津島文治が若くして町長に就任、その後県議会議員を経て、戦後衆議院議員に当選、県知事に就任、多難な県政に取り組み、退任後は衆・参議院議員となり、その間多くの役職をこなし、謙虚さと温厚、誠実さを有した政治家として称えられている。現職中に亡くなった議員の追悼演説なので、悪口を言うはずはない。しかし、演説のくだりは決して的外れた内容ではなく、政治家・津島文治に関する妥当な紹介である、といってよい。

一般的にいえば、政治家には、社会動向への鋭い洞察力、人々を引きつける魅力、説得と妥協の能力、大衆をまとめる組織力、利害を調整し、目的を実現する能力、および権力を志向する強い意志などの資質が必要とされる。[(2)]

ドイツが生んだ著名な政治学者のマックス・ヴェーバーは、名著『職業としての政治』の中で、政治家にとって必要である重要な資質として、「情熱、責任感、および判断力」を挙げている。[(3)] 本書で取り上げた津島文治は、そのすべてを身につけていた職業政治家であった。もっと言えば、津島は選挙が飯より好きで、選挙のプロをもって任じ、津軽が生んだ〝井戸塀政治家〟であった。

戦後青森県の初代民選知事を務めた津島文治は、今日でも「名知事」として誉が高い。津島の最も偉いところは、知事、衆議院議員、および参議院議員を通じて、政治で蓄財することなく、貧しさを尊び、しかも公私の区別をつけた〝清廉一徹〟な慎ましい政治家であり、生涯、故郷青森県の発展に尽力したことである。

もちろん、どのような人間にも欠点があるように、政治家・津島文治の場合も、エリートにありがちな、やや自己ひいき的な一面があり、特に娘婿のために池田勇人・首相の政治力を利用して、選挙で当選させるような策謀を図ったことなどは、非難されてしかるべきであろう。また晩年には、有権者に超然的な態度をとって、批判されたこともないわけでない。しかし、総合的に評価すれば、政治家・津島が政治によって財産を築くようなことは決してしなかったことは特筆してよい。しかも国会議員として、一貫して〝陣笠議員〟として自民党を支えた保守本流＝池田、大平、宮沢と連なる宏池会の「オールド・リベラルズ」であった。青森県の保守王国を支えたのも、津島文治にほかならない。

津島文治について執筆していて、終始頭を離れなかった疑問は、何故、津島は「政治家」の道を選んだのか、ということである。確かに、父が議員であったからそうするのが「運命」だということもできよう。だが、それだけではあるまい。津島には、強い〃権力願望〃があったのだ。津島は、選挙を「生きた人間を動かす、最高のゲームだ」といった[4]。選挙で、数万人におよぶ有権者たちに自分の氏名を書かせて、権力の座に座る。人びとを己の意のままに動かす。人間としてこれに勝る術はない、と思ったのか。それは、まさに権力者の生き様にほかならない。

「政治」とは、一言でいえば、力や威信によって、他者を意のままに動かす作用である。だとすれば、津島文治は紛れもなく、権力の座を追い求めた現代の政治家の1人であった。ただ、いたずらに権力を駆使して目先の利害だけを追う「政治屋（ポリティシャン）」ではなく、民主政治の維持・強化を最大の目的とし、強い責任倫理を有する「政治家（ステーツマン）」であった[5]。

本書は、青森県の初代民選知事であった津島文治に関して、私がこの数年、雑誌に発表してきた諸論考を1冊にまとめたもので、純然たる評伝─伝記の類として、書き下ろしたものではない。だから、内容的に重複している箇所が散見される。その点をお断りしておきたい。ただ、これまで、津島文治については、知事や国会議員時代の活動に焦点を合わせた本格的な研究の類が皆無であった。そこで不十分ではあるが今回、論文形式をとり、こうした形で世に問い、今後の津島文治研究の足がかりとなればと思い、公刊にこぎ付けた次第である。

本書の内容に関して、もし新しい点があるとすれば、第1は、津島文治の選挙（政見）公約を新聞から探してあてて紹介したこと。第2は、国会会議録検索システムを活用して、国会議員時代の津島文治の発言・答弁を紹介したこと、であろう。その他の箇所は、これまでの資料を整理してまとめたにすぎない。結局、津島の政治家としての足跡についても、表面をなぞっただけに終わってしまったし、津島の「精神構造」までには、筆者の力量では踏みこめなかった。

最後になったが、今、ようやく津島文治の生き様を書き終えて、弘前から五所川原に帰るところである。再びＪＲ五能線に乗り込んだ。今度は、車窓から左手に岩木山が見える。夕日が岩木山を見事に映し出している。とても綺麗だ。蛇行する岩木川の方は周囲が暗くて、確認できない。ただ列車が橋を通過する際に、きしむ音の違いでわかる。列車は津軽平野を北へとまっしぐらに進み、五所川原駅に到着した。駅の階段を上がったら、右眼下に津軽鉄道の灯りを「ポツリ」と眺めることができた。津島文治が生まれた金木に向かう最終列車である。

〈注〉

(1)『参議院追悼演説集』〔参議院議員有志の会、1985年〕365～368頁。林虎雄は、津島文治とほぼ同時期に、県議会議員、知事、参議院議員となり、津島とは周知の間柄であった（同上、367頁）。

(2)大六野耕作「政治家」『現代政治学事典』〔ブレーン出版社、1991年〕527頁。

(3)マックス・ヴェーバー・脇圭平訳『職業としての政治』〔岩波書店、1980年〕77頁。

(4)松岡孝一『一地方記者の記録─東奥日報とともに半世紀』〔東奥日報社、2000年〕67頁。

(5)大六野、前掲書「政治家」『現代政治学事典』527頁。

初掲誌一覧

第一章　「戦後青森県の民選知事　①　津島文治」『専修大学社会科学年報』第49号（2015年2月）。
後に『戦後青森県政治史　1945年～2015年』〔志學社、2016年〕に収録。
第二章　「津島文治と選挙運動」『専修法学論集』第133号（2018年7月）
第三章　「津軽選挙に関する一考察」『臨床政治研究』第8号（2017年10月）
第四章　「津島文治と選挙公約」『専修社会科学研究所月報』第658号（2018年5月）
第五章　「行政最高責任者：津島文治」（書き下し）
第六章　「津島文治知事の業績」（書き下し）
第七章　「国会議員：津島文治」（書き下し）
補論一　「文人：津島文治」『日本臨床政治学会　ニューズレター』第13号（2018年7月）
補論二　「津島文治・修治・康一」『専修大学　法学研究所所報』第56号（2018年9月）

主要参考文献・解題

A『清廉一徹』〔筑摩書房、１９７４年〕。

Aは、津島文治が死去した1年後に、文治が関係した政治家、同僚、秘書、知人、および親類たちの、いわば回想録である。文治の関係者たちの発言ないし文章であるので、若干割引して理解する必要がある。しかし、政治家として津島文治の生涯の全体像を知る上で、極めて貴重な資料である。

B　秋山耿太郎・福島義雄『津島家の人びと』〔筑摩書房、２０００年〕。

Bは、朝日新聞青森支局の記者の手によるもので、津島文治の経歴と政治への関わりを詳細に調査した第一級の資料としての価値を有する。関係者の証言も多く、優れた研究書として貴重で、津島文治研究の基礎的文献として活用できる。

C　鎌田慧『津軽・斜陽の家―太宰治を生んだ「地主貴族」の光芒』〔講談社、２００３年〕。

Cは一見すると、太宰研究のように思われる。しかし、実際の中身は、津島文治の政治家としての形成過程に焦点をあてた作品である。また、津島家の成立と没落について、当時の社会的環境変化にも十二分に目を配っており、第一級の基礎的資料である。

D　福島常作『文治先生行状記』〔北の街社、１９７８年〕。

Dは、津島文治知事の秘書であった福島が津島文治知事時代のエピソードを綴った貴重な作品で、人間津島の行動をつぶさに知ることができる。また当時の県庁内の事業や政策を調べる際、第一級の基礎資料として活用できる。よくここまで記録を取っていたと、感心させられる。

E　秋元良治『知事交渉15年―対決の旋律』〔北の街社、１９８７年〕。

Eは、青森県教職員組合の委員長を務めた秋元の歴代知事との交渉過程をメモした貴重な資料である。初代民選知事・津島文治と組合交渉の実態を知ることができる。津島の合理的精神もよく描かれており、津島文治研究の第一級資料として欠かせない。資料的価値は高い。

F　朝日新聞青森支局編『風雪の人脈―第1部・政界編』〔青森県コロニー協会出版部、１９８３年〕。

Fは、朝日新聞社青森支局の記者による青森県の政界地図である。津島文治知事の人脈にも大きなスペースを割いており、津島研究の資料として価値がある。調査も詳細つ丁寧で、新聞記者ならではの手法は読みごたえがある。国会議員、県議、市長、および町村長の派閥関係が手に取るようで面白い。

G　『青森20世紀の群像』〔東奥日報社、２０００年〕。

Gは、津島文治知事に関して大きなスペースを割いて、詳細に紹介しており、その内容も見ごたえがある。青森県出身の政治家たちの資料として便利である。

H　松岡孝一『一地方記者の記録―東奥日報とともに半世紀』〔東奥日報社、2000年〕。

Hは、東奥日報紙の記者・松岡孝一の津島文治論が他の政治家と並んで紹介されている。内容は独自の面談記事に仕上がっており、きわめて興味深い。是非一読を勧めたい。

I　山内善郎『回想　県政50年　前青森県副知事山内善郎』〔北の街社、1997年〕。

Iは、元県副知事・山内善郎の回想録で、最初の部分が津島文治知事について充てられ、津島文治の県政運営の問題点を知る上で、貴重な文献の1つである。

J　『青森県議会史　自昭和21年～至昭和27年』〔青森県議会、1959年〕。
『青森県議会史　自昭和28年～至昭和34年』〔青森県議会、1960年〕。

Jには、津島知事の県議会での提案・答弁が全て収録されている。県政で問題となった事案が解説文とともに収録され、津島文治の知事時代の研究に欠かせない基礎資料である。

K　木村良一『検証　戦後青森県衆議院議員選挙』〔北方新社、1989年〕。
木村良一『青森県参議院議員選挙』〔北方新社、1998年〕。
木村良一『青森県知事選挙』〔北方新社、1998年〕。

Kにより、津島文治が出馬した、知事選挙戦、衆議院選、および参議院選における投票数、選挙戦の模様をつぶさに知ることができる基本的資料である。

L　藤本一美『戦後青森県政治史　1945年～2015年』〔志學社、2016年〕。

Lは、津島文治知事時代の毎年の政治動向が描かれていて便利である。また、津島を含めて歴代知事に関する詳細な紹介もある。

M　杉本仁『民俗選挙のゆくえ―津軽選挙vs甲州選挙』〔梟社、2017年〕。

Mは、津島文治知事に関する最新の研究成果であり、民俗学の視点からの津軽選挙に関する貴重な労作である。是非一読されたい。

N『青森県百科事典』〔東奥日報社、1981年〕。

Nは、津島県政下での事件、事業の概要を知ることが出来る基礎的資料である。

O　二葉宏夫『青森県の事件55話』〔北方新社、1983年〕。

Oは、津島県政時代の主要な事件が掲載されて便利である。

P『新聞記事に見る青森県日記百年史』〔東奥日報社、1978年〕。

Pは手っ取り早く、津島文治時代の事件やその経緯を知ることができて、資料として活用できる。

Q『東奥年鑑』昭和24年版～昭和36年版〔東奥日報社、1949～1961年〕。

Qは、津島知事時代の青森県の主要な政治動向が掲載されており、津島文治研究の基本的資料である。毎年の津島県政の概要を知りうることができて便利である。

写真出典

本書で利用している写真の多くは、明治大学での教え子の工藤知己氏から提供されたものである。また津島文治の写真は『参議院要覧（丙）』（昭和46年版参議院）より、参議院事務局の許可を得て利用したものである。さらに、太宰治のイラストは『太宰治疎開の家』から許可を得たものである。

その他、県立図書館、青森県競馬場、および国会議事堂等の建物の写真は『ウィキペディア』より転載したことをお断りしておきたい。

資料1　津島文治・履歴年表

1898年1月20日	青森県北津軽郡金木村に生まれる
1915年3月20日	五所川原農学校卒業
1918年3月	東京中学卒業
1923年3月	早稲田大学政治経済学部卒業
1925年10月10日	金木町長就任
1927年9月1日	同、辞任
1927年9月25日	青森県議会議員当選
1935年9月25日	青森県議会議員当選
1937年4月29日	同、辞任
1937年4月30日	衆議院議員当選
1937年5月8日	同、辞任
1946年4月10日	衆議院議員当選
1947年3月6日	同、辞任
1947年4月5日	青森県知事当選
1950年9月28日	同、辞任
1950年11月10日	青森県知事当選

1954年11月5日　青森県知事当選
1956年6月1日　同、辞任
1958年5月22日　衆議院議員当選
1960年7月　自民党総務就任
1960年11月20日　衆議院議員当選
1960年12月9日　外務政務次官就任
1961年7月24日　同、辞任
1962年7月27日　農林政務次官就任
1963年7月30日　同、辞任
1963年11月21日　衆議院議員に落選
1965年7月4日　参議院議員当選（青森地方区）
1966年1月17日　自民党青森県支部連合会会長就任
1967年3月20日　自民党青森県支部連合会会長就任
1967年3月22日　列国議会同盟へ参議院派遣団長としてスペインに派遣
1968年1月27日　参議院地方行政常任委員会委員長に選出
1968年4月29日　勲2等旭日重光章を授けられる
1969年1月28日　参議院自民党副幹事長に就任
1971年6月27日　参議院議員当選（青森地方区）

1971年7月22日　参議院自民党総務に就任
1972年10月　自民党両院議員総会副会長に就任
1973年5月5日　金木町名誉市民の称号授与
1973年5月6日　死去
1973年5月6日　勲一等瑞宝章を授けられる、従三位に叙さる

出典：「津島文治　略年譜」津島文治先生回想録編集委員会『清廉一徹』（筑摩書房、1974年）、301～305頁。

資料2　津島文治の親族

・弟：太宰治（作家）
・義妹：津島美知子（主婦）
・長男：津島康一（俳優）
・長女：陽（主婦）
・次女：滋（主婦）
・娘婿：田澤吉郎（政治家）
・姪：津島佑子（作家）
・姪：太田治子（作家）
・義甥：津島雄二（政治家）
・大甥：津島恭一（政治家）
・大甥：津島淳（政治家）

索引（人名）

ア行

カ行

サ行

タ行

ナ行

ハ行

マ行

ヤ行

索引（事項）

ア行

カ行

サ行

藤　本　一　美（ふじもと　かずみ）

1944年　青森県五所川原市に生まれる
1962年　青森県立弘前高校卒
1968年　明治大学農学部農芸化学科卒
1972年　明治大学大学院政治経済学研究科　博士課程修了
1972年　国立国会図書館、調査員
1996年　専修大学法学部教授
現在　専修大学名誉教授、日本臨床政治学会理事長
専攻　政治学
著作　『現代青森県の政治（上）1945年～1969年』
〔志學社、2015年〕
『戦後青森県政治史　1945年～2015年』
〔志學社、2016年〕
『戦後青森県の保守・革新・中道勢力ー青森県選出の国会議員』　〔志學社、2017年〕
『戦後青森県の政治的争点　1945年～2015年』
〔志學社、2018年〕、他多数。

住所　279－0012
千葉県浦安市入船２－５－301
電話　047－350－5031
Email　thj0520@isc.senshu-u.ac.jp

青森県の初代民選知事
津島文治
—「井戸塀政治家」の歩み—

2018年12月20日発行
著者　藤本一美
発行所　㈲北方新社
弘前市富田町52　電話 0172－36－2821
印刷所　㈲小野印刷所
ISBN　978－4－89297－257－7　C0031